Ihlefeld/Lotz
Bilder aus der Postgeschichte

Heli Ihlefeld / Wolfgang Lotz

Bilder aus der Postgeschichte

R. v. Decker's Verlag, G. Schenck
Heidelberg

CIP-Titelaufnahme der Deutschen Bibliothek

Ihlefeld, Heli:
Bilder aus der Postgeschichte / Heli Ihlefeld; Wolfgang Lotz. –
Heidelberg: v. Decker, 1990
ISBN 3-7685-5989-0
NE: Lotz, Wolfgang:

Illustrationen: Georgio Valente, Rom/Essen
Satz: Roman Leipe GmbH, Hagenbach
Druck: Clausen & Bosse, Leck

Inhalt

Vorwort

Postgeschichte — was ist das eigentlich? Wann fängt sie an? Postgeschichte besteht nicht einfach nur aus einer Reihe von historischen Daten, von Höhepunkten, von Erfindungen. Postgeschichte ist die Geschichte der Kommunikation zwischen den Menschen, die von Menschen für Menschen beharrlich immer besser, sicherer und schneller organisiert wurde. Ohne die Postler, den Boten, den Posthalter, das Fräulein vom Amt, aber auch ohne die Entdecker technischer Zusammenhänge und ohne die vielen anderen — die Rädchen und die Räder in der großen Postorganisation — hätte diese Geschichte sich niemals so positiv entwickeln können. Viele dieser Menschen haben unter schwersten Bedingungen, ohne geregelte Arbeitszeit ihr Leben im Dienste der menschlichen Kommunikation verbracht, treu ihre Arbeit verrichtet, Gefahren auf sich genommen. Diesen unzähligen Frauen und Männern der Vergangenheit und der Gegenwart, ja, der Zukunft, möchten wir dieses Buch widmen. Sie tun ihren Dienst unter auch heute nicht immer einfachen Bedingungen und sehr oft zu Zeiten, wo der Bürger noch friedlich schlummert.

„Bilder aus der Postgeschichte“ sind Post-Geschichten. Sie zeigen Momentaufnahmen aus den vergangenen 500 Jahren der Post, handeln von wichtigen menschlichen Erkenntnissen, die die Wege der

Nachrichten verbessert und beschleunigt haben. Sie beschreiben Entwicklungen und politische Konstellationen. Aber immer spielt die Hauptrolle der Mensch oder die Menschen, die diese Geschichte beeinflußt haben, ihre Persönlichkeit, ihre Probleme, ihre Wünsche, Ziele und Träume.

Mit diesen Berichten möchten wir die Vergangenheit lebendig und die Zukunft verständlicher machen. Es hat viel Freude gemacht, diese Geschichten aufzuspüren. Vieles Spannende konnte nicht mehr untergebracht werden, vieles gäbe es noch zu erzählen, vieles schlummert auch noch unentdeckt in den Archiven. Denn die Postgeschichte ist ein großes Bilderbuch voller Abenteuer, großer Leistungen und menschlicher Schicksale.

Immer haben verschiedene Faktoren bei der Entwicklung der Post mitgewirkt. Die Erfinder zum Beispiel, die die zündenden Ideen hatten, wären häufig zum Mißerfolg verdammt gewesen, hätten sich nicht Manager in oder in der Nähe der Postorganisation befunden, die die Umsetzung der Ideen in Dienste für die Menschen durchsetzen. Die Politik und die Konkurrenz der Mächte und auch der Ehrgeiz Einzelner blieb in diesem Spiel der Ideen und mit den Ideen, in dieser Geschichte des technischen Fortschritts und des Pioniergeistes, nicht ohne Einfluß. So setzte Hans Bredow bei der Post den Rundfunk als Dienst durch, weil er erkannt hatte, was mit den von Heinrich Hertz und Guglielmo Marconi und anderen entdeckten elektrischen Wellen alles möglich war. Joseph Goebbels dann nutzte den Rundfunk als Propaganda-Instrument zur Beeinflussung eines ganzen Volkes. Generalpostmeister Heinrich von Stephan erkannte, was die Entdeckung von Graham Bell — die vor diesem schon Philipp Reis ohne Erfolg gemacht hatte —, mit Hilfe eines Drahtes über Entfernungen hinweg Gespräche zu führen, für die menschliche Kommunikation und deren Beschleunigung bedeutete. Stephan setzte diese Entwicklung in Deutschland im Dienst der Bürger um zu einer Zeit, als das Telefonieren von den meisten noch als reine Spielerei abgetan wurde.

Politik, Intrige, Kampf um Macht und Einfluß spielten auch eine Rolle rund um die Entstehungsgeschichte der Zeitung und ihre Entwicklung. Die Post wurde „Mutter der Zeitung" genannt, weil die Zeitungen zunächst in den meisten Fällen von den Posthaltern herausgegeben wurden.

Das Bedürfnis der Menschen, immer weiter, schneller und sicherer mit anderen in Verbindung zu treten, sich mitzuteilen, Nachrichten zu erhalten, bestimmt die Geschichte der Post. Angefangen bei den Reiterstafetten von Kaiser Maximilian I. über die Postkutschen, Eisenbahnen, Kraftwagen, Zeppeline, Flugzeuge und schließlich über Draht und elektrische Wellen.

Die Geschichte der Post begann nicht erst vor 500 Jahren, als eine regelmäßige Reiterstafette von Innsbruck in Österreich bis Mechelen in Belgien Nachrichten zu transportieren begann, weil der spätere

König Maximilian I. eine belgische Prinzessin geheiratet hatte. Aber mit dieser Reiterstafette begann die Post-Organisation. Bereits die alten Römer und die Ägypter und sicher auch schon andere vor ihnen schickten Boten mit Nachrichten über weite Entfernungen. Post entsteht da, wo Menschen sind, und also auch Postgeschichte. Unsere „Post-Geschichten" sollen Einblick und Überblick bieten in und über wichtige Entwicklungen, Pionierarbeiten und Ereignisse und vor allem von den Menschen erzählen, die das alles geleistet oder beeinflußt haben.

Heli Ihlefeld

Posthorn

Bischof Franz Johann saß in seiner mit schweren Barockmöbeln eingerichteten Residenz in Meersburg und blickte auf den aufgewühlten Bodensee. Es war einige Tage vor Weihnachten 1688. Der Diener meldete ihm den Postmeister. Der geistliche Herr freute sich über diesen Besuch, denn er schätzte den Bärenwirt wegen seines redlichen und offenen Wesens. Aber als Franz Johann das zornige Gesicht von Fridolin Schütz sah, machte er sich Sorgen. Ärger um die Postmeisterei der Kaiserlichen Reichspost konnte er nicht brauchen.

Was ihm dann zu Ohren kam, gefiel ihm gar nicht. Der Bärenwirt wollte den Bürgermeister von Meersburg vor das Gericht des Bischofs fordern. Är-

ger im eigenen Haus! Dabei konnte es nicht bleiben bei dieser Geschichte, die ihm Schütz jetzt zornbebend erzählte. Er selbst, der Bischof, geriet in Gefahr, in eine Affäre hineingezogen zu werden, die ihm den Unwillen des Kaiserlichen Hofes zuziehen konnte.

Seit 1490 richtete die Familie Taxis im Auftrag des Kaisers regelmäßige Postlinien im Reich ein. Nicht alle Fürsten und Städte waren damit einverstanden. Wenn der Reichspost erlaubt wurde, in ihren Territorien eine eigene Poststation einzurichten, so setzte man sich damit einen Partner ins Nest, der überall einzudringen suchte und der häufig vor keiner Intrige oder Übeltat zurückschreckte, wenn es um die Durchsetzung der Interessen des Hauses Taxis ging.

Der Bischof von Meersburg hatte es mit Hartnäkkigkeit und Schläue jedenfalls lange Zeit verstanden, die Einrichtung einer Postdienststelle in Meersburg zu verhindern. Er hatte die an ihn gerichtete Post wöchentlich von einem Boten bei der Reichspost in Lindau abholen lassen und seine Briefe regelmäßig dem Boten der Stadt Lindau, Conradt Müller, mitgegeben, wenn dieser von Lindau über Meersburg nach Konstanz ritt.

Bis zum Sommer 1688 hatte Franz Johann das durchhalten können. Dann aber mußte er in Meersburg eine Posthalterei der Reichspost zulassen — allerdings nach seinen Bedingungen. Der Bischof hatte jahrelang erlebt, wie die Stadt Lindau sich mit dem Reichspostmeister Pichlmayer um die eigene Botenpost der Stadt stritt. Pichlmayer schreckte dabei auch nicht vor Gewalttätigkeiten gegenüber dem Stadtboten zurück. Schließlich gipfelte die Auseinandersetzung mit der Reichspost darin, daß dem Lindauer Boten, den übrigens französische und Basler Kaufleute unterstützten, unterstellt wurde, daß er aus dem Ausland verdächtige Korrespondenzen einschmuggelte. Dem Bischof gefiel dies alles gar nicht, aber er wollte dem Kaiser, der zu dieser Zeit in einen Krieg gegen Türken und Franzosen verwickelt war, nicht noch zusätzliche Sorgen bereiten. In der Auseinandersetzung mit der Taxis-Reichspost lenkte er nun ein und ließ eine Poststelle, allerdings nur „mit seinem gueten willen und belieben“ einrichten. Vorsorglich erklärte er aber außerdem schriftlich, daß er die von der Reichspost in Anspruch genommenen Rechte zur Einrichtung von Poststellen nicht anerkenne. Bei dem neuen Postwesen solle, so betonte der Bischof ausdrücklich, erst einmal abgewartet werden, wie es sich „weiter anlasse". Er behielt für sich und seinen Nachfolger vor, die Einrichtung der Meersburger Poststelle jederzeit rückgängig machen zu können und forderte außerdem, daß ein Mann seiner Wahl zum Postmeister eingesetzt werden müsse.

Der Wirt „Zum Bären", dessen Gasthaus nur wenige Schritte vom Meersburger Obertor entfernt lag, wurde in aller Stille in das neue Amt berufen. Nicht einmal der Bürgermeister erfuhr davon. Bürgermeister Johann Claus hätte diesen Posten, der zusätzliche Gäste versprach, wohl gerne selbst erworben. — Ärgerlich!

Mehrmals in der Woche — vor Tagesanbruch und nach Einbruch der Dunkelheit — erscholl nun in Meersburg vor dem Stadttor das Posthorn der Reichspost. Das war das Signal, das Tor für den Postillion zu öffnen.

Es galt als Privileg der Reichspost, das Posthorn allein blasen lassen zu dürfen. Mit dem Hornsignal öffneten sich Stadttore, wurden Straßen freigemacht, kam der Fährmann zum Überholen, sprang der nächste Bote aus den Federn, um den ankommenden Boten abzulösen und rechtzeitig die Pferde anzuschirren.

Die Taxis-Reichspost berief sich bei ihrem Anspruch, allein das Posthorn führen zu dürfen, auf einen Erlaß Kaiser Rudolfs II. aus dem Jahre 1597, wonach „das Post-Hörner anhängen und gebrauchen für Handelsleut, Privatpersonen und Nebenboten, wel-

che man teils Metzgerposten nennet, streng verboten und mit fünfzig Goldgulden Strafe neben Abnehmung ihrer Posthörner“ geahndet werden sollte.

Dieser Erlaß und der Anspruch, der dahinter stand, führten zu einem jahrzehntelangen Streit um das Posthorn. Er beschäftigte Staatsrechtslehrer und Kanzleien und war Ursache fünf weiterer kaiserlicher Erlasse, die den von Rudolf II. bekräftigten und noch härtere Strafen androhten. Diese Auseinandersetzung war verständlich, denn es gab schließlich ältere Rechte an dem Posthorn. Es war ja keineswegs eigens für die Post erfunden worden. Jäger benutzten das Horn zum Waidwerk, und auch den verschiedenen reitenden Boten der Fürsten und Städte diente es als Zeichen und Wegbahner. Vor allem aber benutzten es die Metzger bei ihren Ritten „ins Gäu“, um schon von weitem ihre Ankunft zu signalisieren. Diese Handwerker bestellten nämlich auf ihren

„Dienstwegen" für wenig Geld mündliche Nachrichten und Briefe.

Wie notwendig das Posthorn für den Transport war, beschreibt 1608 der Italiener Ottavio Cotogno: „Wenn der Postillon an einen Fluß kommt, kann er damit die Fuhrknechte benachrichtigen, daß sie nach dem diesseitigen Ufer kommen, oder die Wächter, wenn es Nacht ist und die Burg oder der Hof geschlossen sind, damit sie alsbald kommen, um zu öffnen, oder damit der Postillon die Briefe, wenn er sie selbst nicht in die Stadt schaffen kann, sie hineinsenden kann und sie den Wächtern überliefere, damit sie selbe der Postanstalt überbringen. Vor allem aber, wenn er einer Poststation sich nähert, dann stößt er ins Horn, drinnen werden sofort die Pferde bereitge-

stellt, um ohne Verzug forteilen zu können. Deshalb ist es auch den Posthaltern befohlen, in einem Zimmer, das auf die Straße hinausgeht, zu schlafen oder wenigstens einen Knecht dort schlafen zu lassen."

Joachim Ernst von Beust, Verfasser eines dreibändigen Werkes über das Postregal, legte 1747 darin fest, daß das Horn links zu tragen sei: „Gemeiniglich führen die Postillons, zumahl wenn sie im reuten die Post-Brief-Tasche auf der rechten Seite anhängen haben, oder die fahrende Post haben, das Posthorn auf der linken Seite, weil selbiges auf der rechten Seite im fahren, nicht nur zwischen den Pferden hinderlich ist und leicht zu Schaden kommen kann, sondern auch weil der Postillon um reuten und fahren zu können, die Postpeitsche in der rechten Hand führen, welche ihnen an geschwinder Ergreifung des Posthorns ebenfalls hinderlich fallen würde." In diesem Werk wurden neben den oben genannten noch weitere Aufgaben des Posthorns beschrieben: „Damit diejenigen, welche denen Posten unterwegs Briefe aufgeben wollen, sich damit, auf das mit dem Posthorn gegebene Zeichen ohngesäumt einfinden mögen, . . . damit, wenn denen Posten, auf das mit dem Post-Horn gegebene Zeichen, jederman auf Straßen und Wegen ausweichen mögen . . . damit, wenn sich die Post des nachts verirrt und der Postillon in das Post-Horn stößet, vielleicht die Hunde in einen nahegelegenen Ort solches hören und denselben dem Postillon anzeigen, mithin dieser dadurch Gelegenheit bekommen möge, solchen Ort zueilen und sich da selbst wieder auf den rechten Weg weisen lassen, oder auch, damit der Postillon, wenn er sich mit der Post in Gefahr befindet, solches vermittels eines anhaltenden starken Rufes mit dem Post-Horn denen nächst umher sich etwa befindenden Leuten möglichst möge zu erkennen geben können."

Kein Wunder, daß auch für andere Boten das Horn notwendiges Hilfsmittel und Schutzzeichen war, auf das sie nicht gerne verzichten wollten. Auch in Meersburg und rund um den Bodensee zog sich der Streit um das Posthorn-Privileg mit all seinen Aspekten jahrelang hin.

Der Bürgermeister von Meersburg, Johann Claus, hätte das Privileg, das Posthorn blasen zu dürfen, zu gerne für sich selbst gehabt. Daran mußte er wieder denken, als er am Abend des 21. Dezember 1688 mit seinem Rat bei einem Abendtrunk in der eigenen Gaststube saß. Die Stadtväter machten ihren Jahresabschluß und Pläne für das kommende Jahr. Es gab viele trockene Zahlen zu prüfen, dabei manches verstaubte Dokument umzuwenden, so daß die Einnahme von viel Flüssigkeit dieses Geschäft erleichtern mußte. Munter sprachen die Ratsleute dem guten Seewein des Bürgermeisters zu. Johann Claus wunderte sich, daß, obwohl es schon lange dunkel und das Stadttor längst geschlossen war, das Hornsignal die Ankunft der Post immer noch nicht verkündet hatte. Da erklang das Horn ganz plötzlich sehr laut in unmittelbarer Nähe. Die Stadtväter sprangen auf und liefen ans Fenster, um zu sehen, ob die Postkutsche angekommen war. Aber wegen der Dunkelheit war nichts zu erkennen. In die Kälte wollten die Herren auch nicht hinaus, und so schickten sie den Stadtküfer Michael Trost, der nachsehen sollte. Nach einer Weile kehrte der schon längst nicht mehr nüchterne Trost vom „Bären“ zurück und behauptete, daß keine Post angekommen sei und der Postknecht nur zu seinem eigenen Spaß geblasen habe. Trost ereiferte sich sehr über diese Frechheit und erklärte, wenn er eine Flinte hätte, würde er dem Bärenwirt dafür ins Fenster schießen. Das gefiel dem Löwenwirt. Claus war bei der Erzählung rot im Gesicht geworden, ob vom Wein oder aus Wut war nicht zu unterscheiden. Trost möge doch einen „wurff in die Fenster thuen“, meinte er. Später allerdings wollte er diese Äußerung nur zum Scherz gemacht haben. Jedenfalls fühlte sich der Stadtküfer zur Tat aufgefordert und verschwand eilends wieder in die Dunkelheit. Gleich darauf klirrte in der Kaiserlichen Posthalterei eine Fensterscheibe.

Den Stadtvätern wurde es langsam ungemütlich. Nacheinander gingen sie nach Hause, so daß der Küfer bei seiner Rückkehr nur noch Bürgermeister Claus und seinem Vorgänger stolz von seiner Tat berichten konnte. Fast im gleichen Moment stand aber schon der Postmeister hinter dem Übeltäter und beschimpfte diesen laut. Der Bürgermeister heizte den Streit weiter an. Wenn es nach ihm ginge, hätte man dem Bärenwirt sämtliche Fenster eingeworfen, brüllte er. Daraufhin wurde Schütz ganz kühl und sagte nur, daß man in diesem Falle auf Kosten der Stadt die Scheiben zerschlage. Der Küfer verstand die Anspielung, die bedeuten sollte, daß die eingeworfene Scheibe von ihm zu ersetzen sei, und begann sofort, seine Tat zu leugnen. Aber Fridolin Schütz hatte Zeugen! Angetrunken wie er war, nannte der Küfer den Bärenwirt immer wieder „einen Lügner". Das aber war für Schütz zuviel. Er stürzte sich auf den Steinewerfer und verprügelte diesen nach Strich und Faden.

Nun bekam der Bürgermeister erst recht Oberwasser und verbat sich derartige Handgreiflichkeiten in seinem Haus. Der alte Amtsvorgänger von Claus wollte den Streit schlichten und verlangte, das Posthorn „nit also laut zu blasen", weil die Leute in dieser Kriegszeit ohnehin genug in Angst seien. Der Löwenwirt wurde dadurch jedoch nur noch weiter gereizt und verstieg sich gegenüber dem Bärenwirt zu dem Satz, daß dieser überhaupt nicht das Recht habe, in der Stadt Meersburg das Posthorn blasen zu lassen. Als der Bärenwirt daraufhin auf die Verleihung des Posthorns durch das Kaiserliche Postamt Lindau hinwies, behauptete Claus sogar, der Bärenwirt sei gar kein ordentlicher Postmeister. Es sei Schützens Privatsache, wenn er die Briefe transportieren lasse. Er solle erst mal nachweisen, daß er Postmeister sei. Und so ging das weiter. Nun reichte es dem Bärenwirt; gefolgt vom Altbürgermeister verließ er das Haus. Einige Tage wartete der Bärenwirt noch auf ein Einlenken des Bürgermeisters, da er sich mit dem nächtlichen Hornblasen völlig im Recht fühlte.

Denn was war eigentlich geschehen? Ein eiliger Reisender hatte nämlich zu der späten Stunde bei ihm nach Postpferden verlangt. Der Postillion hatte ihn sogleich mit den gesattelten Pferden zum Obertor geleitet. Der Schließer des Stadttores war jedoch nirgends zu finden gewesen. Daher war der Postillion zum „Bären" zurückgelaufen und hatte „das Posthörnlein ab der Wand genommen und geblasen", denn anders war der Stadtschließer nicht zu erreichen gewesen.

Vom Bürgermeister kam jedoch keine Nachricht. Fridolin Schütz war nun zur grundsätzlichen Auseinandersetzung entschlossen und forderte den Bür-

germeister vor das Gericht des Bischofs. Seine Klage richtete sich nicht gegen Johann Claus, den Löwenwirt, sondern gegen Johann Claus, den Bürgermeister von Meersburg. Das Verhalten des Bürgermeisters der bischöflichen Residenzstadt würde aber der Kaiserliche Hof sicher auch dem Bischof selbst anlasten wollen. Dieses Problem hatte der geistliche Herr sofort erkannt, als ihn an diesem Dezembertag des Jahres 1688 Postmeister Schütz mit seinem Be-

such überraschte. Der Postmeister, der dem Bischof treu ergeben war, erklärte sich jedoch zum Glück bereit, die ganze Angelegenheit gründlich zu besprechen und zu durchdenken.

Es mußte vor allem vermieden werden, daß es bei der gerichtlichen Auseinandersetzung um den grundsätzlichen Streit um das Führen des Posthorns überhaupt ging. Wenn die Nachricht von einem derartigen Streit an den Hof des Kaisers dringen würde, konnte es zu jahrelangen langwierigen und nur wenig aussichtsreichen Prozessen über das Führen und Benutzen des Posthorns kommen, denn das Führen des Posthorns war ja gerade das Privileg der Reichsposten vor den übrigen Boten. In einem solchen Falle wäre das Einwerfen eines Fensters bei einem Reichspostmeister nämlich eine Gewalttätigkeit gegen das hochprivilegierte kaiserliche Postregal selbst gewesen. Wahrscheinlich fühlte sich der Bischof nicht ganz unschuldig an diesem Streit, denn er hatte den Bürgermeister nicht davon unterrichtet, daß er den Bärenwirt förmlich zum Postmeister einsetzen wollte. Wenn es zu einer grundsätzlichen Affäre käme, dann mußte es zu einem Eingreifen des Kaisers kommen. Das wiederum würde bedeuten, daß die Reichspost sich endgültig zu ihren Bedingungen in der Residenzstadt würde niederlassen können.

Am 28. Januar 1689 war Gerichtstermin im Rathaus zu Meersburg. Kläger wie Beklagter kamen zu Wort. Danach hörte man Stadtküfer Michael Trost. Dieser gestand, „den wurff" getan und das Fenster im

Posthaus zertrümmert zu haben. Als Grund gab er nur an: „Es sei in einem Rausch geschehen". Kein Wort mehr gegen den Posthalter, kein Zweifel an dessen Privilegien. Damit war der politische Zündstoff aus der Verhandlung heraus — der Seewein war der Schuldige. Niemand sagte mehr etwas gegen das Posthornblasen. Der Reichsgeneralpostmeister Graf von Taxis hätte, wäre der Streit ihm zu Ohren gekommen, keine Handhabe mehr gehabt, um gegen Meersburg und dessen Stadtrat vorgehen zu können. Die Fensterscheibe des Bärenwirtes wurde bezahlt.

Zwischen dem aufrechten Fridolin Schütz und der Reichspost gab es bald Auseinandersetzungen. Schütz legte das Amt des Postmeisters nieder. Daß dem Grafen von Taxis nichts von dem „Angriff" des Löwenwirtes auf die Postmeisterei zu Ohren gekommen war, beweist die Tatsache, daß dieser selbst Nachfolger des Bärenwirtes als Posthalter wurde. Johann Claus führte die Posthalterei fünf Jahre lang und legte danach das Amt freiwillig nieder.

Wie unangefochten wiederum die Stellung des Bischofs dank seines klugen Taktierens im Posthornstreit gegenüber Kaiser und Reichspost geblieben war, belegt der Umstand, daß es ihm gelang, als Nachfolger des Löwenwirts wieder den von der Reichspost im Streit geschiedenen Bärenwirt durchzusetzen. Fridolin Schütz wurde erneut als Postmeister eingesetzt und blieb es nun fast ein Vierteljahrhundert. Die Familien Schütz und Claus wechselten sich danach als Posthalter immer wieder ab. Das

Posthorn aber blieb noch lange „Zankapfel“ zwischen den Taxis und den übrigen Posten der Landesherren und der Städte. Die Taxis stritten sehr erbittert um das Horn, weil es offenbar ein Symbol des ihnen verliehenen Postmonopols war.

Die Form des Posthorns hatte sich im Laufe der Jahrhunderte gewandelt. Es war aus einem hölzernen zu einem blanken Messinghorn geworden. Die Postflagge des Norddeutschen Bundes zeigte ab 1867

ein kleines gelbes Posthorn links unten. Das Horn rückte bei der späteren Reichspost immer mehr ins Zentrum der Flagge und wurde mit verschiedenem Zierat versehen. Es blieb auch auf der Bundespostflagge 1950 und erhielt als Zeichen für das Fernmeldewesen statt der Kokarden mit Troddeln Blitze. Während der Jahre des Nationalsozialismus von 1933—1945 war das Posthorn durch das Hakenkreuz ersetzt worden.

Post und Zeitung

Egon Emmel sitzt an einem Seitenarm des Mains. Er liest noch einmal seinen Artikel über den Umweltskandal: Einleitung von Chemieabfällen in den Main, Gefährdung des Trinkwassers. Egon Emmel ärgert sich. Was nützt dieses Schreiben und die mühsame Arbeit vorher, um alle skandalösen Einzelheiten herauszubekommen? Wer liest das überhaupt? Und wenn es gelesen wird, wen kümmert es? Die Schuldigen werden sich wieder reinzuwaschen versuchen. Die Behörden drücken alle nur möglichen Augen zu. Und ändern? Ändern wird sich nichts.

Egon Emmel knüllt die Seite mit seinem auffällig aufgemachten Vierspalter zusammen und wirft sie ins Wasser. Er beobachtet, wie sich das Papier in dem

trägen Gewässer vollsaugt und weitertreibt. Plötzlich, obwohl es ausschaute, als zöge es weiter auf ruhiger Bahn, dreht es sich in einem Wirbel und bleibt an einer Baumwurzel hängen. Egon Emmel denkt: „Vielleicht bleibt ja auch etwas in den Köpfen der Menschen hängen!"

Zu Hause ist der Journalist mit seiner Arbeit wieder einverstanden. Eine freie Presse, die unabhängig berichten kann, ist zumindest eine Chance, daß Mißstände erkannt, daß über sie berichtet werden kann und die Menschen daraus Folgerungen ziehen können.

Sein Blick fällt auf ein altes, goldgerahmtes Bild: Egenolf Emmel, ein Buchhändler aus Frankfurt am Main im 17. Jahrhundert. Emmel hatte das Porträt bei einem Antiquitätenhändler gefunden und den Buchhändler kurzerhand zu seinem Vorfahren erklärt. Er wußte, daß auch dieser „Vorfahre" mit vielfältigen Problemen zu kämpfen hatte.

Egenolf Emmel hatte 1615 eine der ersten, noch titellosen Zeitungen in Deutschland herausgegeben, wenn man den Begriff „Zeitungen" im heutigen Sinne auf regelmäßig erscheinende, gedruckte Nachrichtenblätter bezieht. Er erhielt bereits 1617 in Frankfurt am Main durch die ebenfalls titellose Zeitung des Postmeisters Johann von den Birghden eine erste Konkurrenz. Zwei Jahre später kam das „Diarium Hebdomale" des Buchhändlers Theobald Schönwetter dazu.

Am meisten hat den gebildeten Buchhändler Egenolf Emmel die Anmaßung des biederen Postmeisters geärgert, der doch besser bei seiner Postverteilung geblieben wäre. Emmel beschwerte sich beim Rat der Stadt Frankfurt über die Konkurrenz des Reichs-Postmeisters. Aber das nützte ihm wenig. Der Rat der Stadt stellte sich zwar auf die Seite ihres angesehenen Buchhändlers mit seinem „Erstgeburtsrecht“ und verbot Birghden, seine Zeitung weiter zu drucken, doch dieser wußte sich zu helfen. Er wurde sogleich beim Reichskanzler, dem Kurfürsten zu Mainz, Johann Schweickhardt, der zugleich „Protektor“ der Kaiserlichen Reichsposten war, vorstellig.

Der Kurfürst von Mainz stellte sich auf die Seite des Reichs-Postmeisters und schrieb an den Frankfurter Stadtrat: „Wann wir uns dann berichten lassen, daß die gemeine Avisen und Zeitungen jederzeit bei dem Posten gewesen, von denselben ausgeschrieben werden, und billigen zur besseren Ausbreitung

und Erhaltung der wohl und mit schweren Unkosten angeordneten gemeinnützigen kaiserlichen Postwesens bei demselben die Ausschreibung der Zeitungen zu handhaben, dieweil wohl dafür zu halten, daß dieselben von denen besser und beständiger als andern (da man eine Zeit hero befunden, daß durch so viel unterschiedliche Zeitungsschreiber, die Zeitungen jedes Gefallen nach amplificieret, inventiret, auch wohl fürnehme Stände des Reichs fälschlich traduciret und nur dadurch zu ungleichen Discoursen Anlaß gegeben werden) zu erlangen, als haben wir ihme Postverwaltern in diesen seinen unterthänigsten Suchen um so mehr willfahren und diese unsere gnädigste Intercession ertheilen wollen."

Der Rat der Stadt wagte nun nichts mehr zu unternehmen, beide Zeitungen erschienen zunächst weiter. Birghden taufte sein von Allerhöchster Seite bestätigtes Blatt „Ordentliche wöchentliche Kayserliche Reichs-Postzeitungen".

So wurde gleich zu Beginn des Zeitungswesens die Voraussetzung für eine Zensur der Presse geschaffen, dachte der Journalist Egon Emmel. Der Postmeister, der im Auftrag der Kaiserlichen Taxis-Reichspost in Frankfurt die Post betrieb, durfte nur schreiben oder schreiben lassen, was nicht gegen die Interessen des Hofes oder der Taxis verstieß.

Die Post also als Wurzel allen Übels bis zum heutigen Tag? Ich bin für freie Marktwirtschaft, für eine Privatisierung des Postwesens, für eine freie Presse ... Mit diesen Gedanken schlief Emmel ein.

Im Traum besuchte ihn jedoch nicht sein verehrter „Vorfahr“, sondern der kritisierte Postmeister:
Der saß an seinem Schreibtisch und dachte über seine „Ordentliche wöchentliche Kayserliche Postzeitungen“ nach. Es war Krieg, die Menschen litten Hunger. Drei Jahre dauerte dieser Krieg bereits, der später der Dreißigjährige genannt werden sollte. Wann sind die Truppen der protestantischen Union, wann die der katholischen Liga bei uns? Das Volk war verunsichert durch widersprüchliche Nachrichten: Mal las man ein Flugblatt der katholischen, mal eines der evangelischen Partei. Die Nachrichten dazu kamen aus den verschiedensten Quellen, seriösen wie unseriösen. Das Bedürfnis der Menschen nach glaubhaften Informationen war groß, und mein Frankfurter Posthaus lag an einer Hauptlinie zwischen Ost und West, Nord und Süd. Täglich trafen von meinen Postreitern und den Reisenden Nachrichten ein. Ich mußte sie nur sammeln und schnell in einer gedruckten Zeitung unter das Volk bringen. Dadurch hatten die Menschen doch wenigstens einige handfeste und verläßliche Informationen. Ich, der Postmeister, war der geborene Zeitungsmacher! Das war eine Sache, derer ich mich mit meiner ganzen Kraft im Interesse der aufgestörten Bürger einfach

annehmen mußte. Es bereitete viel Mühe, und Dank werde ich kaum ernten. Aber ich durfte mich dabei nicht durch ambitionierte Buchhändler stören lassen. Die Leute mußten wissen, woher sie regelmäßig ihre Informationen bekamen.

Der Journalist Egon Emmel wachte auf und sah die Geschichte nun mit anderen Augen. Wenn ich in der Zeit des Dreißigjährigen Krieges in Frankfurt hätte leben müssen, wäre ich froh gewesen über einen tatkräftigen Postmeister, der seine ihm aus aller Welt zugestellten Informationen schnell an die Bürger weitervermittelte. So ist die Post doch tatsächlich die Mutter der Zeitung, dachte der Journalist. Aber

der Krieg ist sicherlich ihr Vater! Emmel wollte mehr über das Schicksal Birghdens wissen.

Johann von den Birghden (1582—1645) war Protestant. Kein Wunder also, daß er keinen leichten Stand hatte, wenn gegen ihn bei Hofe intrigiert wurde. Ihm gelang es jedoch nach zweimaligem Antrag 1621, daß das 1619 seinem zweiten Konkurrenten Schönwetter erteilte Privileg zur Herausgabe des „Diarium Hebdomale" zurückgenommen wurde. Der Postmeister begründete seinen Anspruch auf das Privileg, allein eine Zeitung herausgeben zu dürfen, nicht nur mit seiner besseren Position beim Zugang zu den Nachrichten, er suchte sozusagen auch nach historischen Gründen. Sein Unternehmen sei, so behauptete er, eine Fortsetzung der „Relationes Historice" des Konrad Lautenbach, die bekanntlich von dem unter ihm tätigen Postschreiber Andreas Striegel verfaßt worden seien.

Birghdens Zeitungskonzept stimmte offenbar. Seine Postzeitung wurde sogar in Frankreich gelesen. Zu den Beziehern gehörten eine Reihe von mächtigen Persönlichkeiten wie benachbarte Reichsfürsten, darunter die geistlichen Fürsten von Speyer und Köln sowie der Graf von Nassau. Jeder zahlte jährlich 30 Taler für die Wochenzeitung.

Der Postmeister von Frankfurt am Main brachte nicht nur eine erfolgreiche Zeitung heraus, er führte auch sonst eine Reihe von Verbesserungen in den Postdienst ein. Neue Postlinien bedeuten nicht allein neue Verbindungen mit anderen Gebieten des Reiches, sie brachten ihm auch neue und regelmäßige Nachrichten für seine „Redaktion". Birghden machte seine Sache derart zur Zufriedenheit seines Herrn, daß ihn der Kaiser 1625 in den erblichen Adelsstand erhob. Birghdens Tatkraft und das Interesse der Fürsten, das Nachrichtenmonopol im Griff zu behalten, trafen sich, und so konnte er seine Zeitung erfolgreich entwickeln und vertreiben.

Wie ihm ging es vielen Postmeistern nicht nur in Deutschland, sondern auch anderswo in Europa. Die Wirren der Zeit, Krieg und politische Interessen, Seuchen und andere Gefahren ließen ein großes Bedürfnis nicht nur bei den gebildeten Schichten, sondern im ganzen Volk nach regelmäßigen Nachrichten entstehen. Die festen Postkurse zwischen den großen Städten und den Handelszentren waren Garanten für die Erfüllung dieses Bedürfnisses. Die Reitposten im ausgehenden 16. Jahrhundert und im 17. Jahrhundert boten Schnelligkeit, Regelmäßigkeit und Zuverlässigkeit.

Die unregelmäßig erscheinenden handschriftlichen Nachrichten wurden zunehmend durch regelmäßige „Zeitungen" abgelöst, deren Herausgeber auch „Zeitunger" genannt wurden. Das Wort Zeitung hatte damals den Sinn von Begebenheit, Nachricht, Kunde.

Der Inhalt dieser Zeitungen bezog sich meistens auf politische oder religiöse Angelegenheiten wie Kriege, Schlachten, Friedensschlüsse, Krönungen, Beschlüsse der Reichstage, Konzile usw. Daneben erschienen Informationen über Unwetter, Erdbeben und sonstige Naturkatastrophen, Mordtaten, Unglücksfälle, Feuersbrünste, Seuchen und Todesfälle berühmter Personen.

In den Reichsstädten Augsburg und Nürnberg kreuzten sich im 16. und 17. Jahrhundert die Postkurse und Handelsstraßen von Italien nach Mittel- und Norddeutschland und von Frankreich nach den osteuropäischen Ländern. Sie waren Stapelplätze für Waren aller Art, Sitz wichtiger Handelshäuser, und sie unterhielten einen lebhaften Verkehr mit vielen anderen Handelsstädten.

Nachrichten aus aller Welt gelangten von dort in die großen Städte des Reiches. Frankfurt am Main hatte zum Beispiel nicht nur als Krönungsstadt der deutschen Kaiser große Bedeutung, sondern auch als einer der Hauptorte des deutschen Buchhandels. Es verfügte auf Grund seiner geographischen Lage nach allen Richtungen über sehr gute Verbindungen.

Fast in allen großen Städten brachten die Postmeister bald regelmäßig erscheinende Zeitungen heraus. Die Ausgabe richtete sich stets nach der Ankunft der Postreiter. Je häufiger diese verkehrten, um so öfter erschienen die Zeitungen.

Neben Birghden in Frankfurt machte sich in Erfurt der Taxis-Postmeister Georg Friedrich Breitenbach mit seiner seit 1640 erscheinenden „wöchentlichen Zeitungen“ oder „Avisen“ einen Namen. Teilweise wurde den Taxis-Postmeistern die Herausgabe von Blättern als „übergeordnetes Interesse“ auferlegt.

In Berlin gaben die „Botenmeister“ Christoph (bis 1618) und Veit Frischmann (bis 1662) die erste gedruckte Postzeitung heraus. Es existieren noch Exemplare dieser „Postzeitung aus Deutschland, Welschland, Frankreich, Böhmen, Hungarn, Niederland und anderen Orten wöchentlich zusammengetragen“ aus der Zeit zwischen 1617 und 1624.

In Hamburg veröffentlichte der Taxis-Postmeister Kleinhans ab 1631 die „Ordentliche Postzeitung“. Postmeister Somigliano gab ab 1664 die „Regensburger Reichs-Post-Zeitung“ heraus. In Reval gründete der schwedische Postverwalter 1692 die „Revalsche Postzeitung“, in Nürnberg erschienen ab 1663 die „Wöchentlichen Ordinari Postzeitungen“. Die vielen in dieser Zeit gegründeten Zeitungen, die in ihrem Titel das Wort „Post“ trugen, wie „Königliche Privilegierte Prager Oberpostamts-Zeitung“ oder „Vollständige Leipziger einkommende Postzeitung“ (1636), „Post-Reuter in Danzig“, „Altonaer Reichspost Reuter“, kennzeichnen besser als alles andere den Zusammenhang zwischen Post und Zeitung. Diese Zeitungstitel haben sich zum Teil bis zum heutigen Tag erhalten.

Mancher Taxis-Postmeister war nicht sehr interessiert daran, sich der Mühe zu unterziehen, eine Zeitung herauszubringen. In diesen Fällen wurden sie oftmals zur Herausgabe verpflichtet. In Prag etwa beauftragte man den dortigen Postmeister, „Nützliche Neuigkeiten und Korrespondenzen anzusammeln und der Regierung einzusenden“. Eigens dafür wurde in die Bestallungsurkunde des Postmeisters ein besonderer Passus aufgenommen.

Die Mehrzahl der Postmeister erkannte jedoch das Lukrative dieses Zusatzgeschäftes, so auch der kursächsische Oberpostmeister Christoph Mühlbach, ein ebenso tatkräftiger Mann wie Johann von den Birghden in Frankfurt. Er hatte in Sachsen die ersten Reitposten eingerichtet und die „Leipziger Post- und Ordinari-Zeitungen“ gegründet. 1613 in Krebs bei Pirna als Sohn eines Müllers geboren arbeitete er in jungen Jahren als Postschreiber in Leipzig. Als der dortige Postmeister Sieber während des Dreißigjährigen Krieges 1636 als Kommissar nach dem Norden Deutschlands geschickt worden war, überließ er das Leipziger Postwesen seinen beiden Schreibern Mühlbach und Gabriel Güttner.

Während des zweiten Einzugs der Schweden in Sachsen 1642 weigerte sich Mühlbach, das Leipziger Postwesen unter schwedischer Herrschaft weiter zu betreiben und überreichte dem Kurfürstlichen Hof in Dresden ein interessantes „Memorial, die feindlichen schwedischen Posten und bösliche Correspondenz betreffend“. Als er sich bei Kriegsende 1648 nach dem Tod Güttners beim sächsischen Kurfürsten Johann Georg I. um das Postwesen in Leipzig bewarb und Pachtzahlungen dafür versprach, wurde es ihm auf Lebzeiten übertragen. Die Begründung lautete: „Wegen seiner bei den Schweden Unwesen bewiesenen Treue und der guten Erfahrenheit im Postwesen.“

Auch Postmeister Mühlbach hatte — ähnlich wie Birghden in Frankfurt — in Buchdruckern Konkurrenten. Johann Bauer etwa hatte um die Erlaubnis nachgesucht, eine Zeitung herausgeben zu dürfen. Aber dieses Ersuchen wurde mit der Bemerkung abgeschlagen, „da mit solchen Zeitungen öfters große Unrichtigkeit vorgeht".

Timotheus Ritzsch, ein weiterer Buchdrucker, durfte dagegen seine Zeitung erscheinen lassen. Nun trat Mühlbach mit der Behauptung in Aktion: „Zeitungen zu schreiben, zu drucken und auszufertigen, stehe einzig und allein dem Postamt zu . . ." Seine Bemühungen blieben zunächst allerdings ohne Erfolg. Aber Ritzsch' „neu auflaufende Nachrichten von

Kriegs- und Welthandel“ erlitten durch die Postkonkurrenz starke Einbußen. Das Publikum griff außerdem sehr gern zu den „wohlfeilen“ Blättern des Postmeisters. Kein Wunder, da Mühlbach, wie alle Postmeister, an der Nachrichtenquelle saß und dadurch aktueller und billiger sein konnte. Der Nachteil dieser halbamtlichen Zeitungen war natürlich, daß man den „Zeitungern“ besonders scharf auf die Finger sah. Aber Mühlbach war bereit, mit seiner „Leipziger Post- und Ordinari-Zeitungen“, die viermal in der Woche erschien, jederzeit Wohlverhalten zu üben. Unter drei verschiedenen Kurfürsten hat er immer auf die richtige Weise in erster Linie die kursächsischen Belange zu vertreten gewußt. Mühlbach wurde geadelt und erhielt 1661 sogar die Aufsicht über das gesamte kursächsische Postwesen, da er eine Reihe erfolgreicher organisatorischer Maßnahmen in das Leipziger Postwesen eingeführt hatte.

Über die Auflagenhöhe damaliger Zeitungen gibt es wenig Informationen. Immerhin wurden von der „Leipziger Post- und Ordinari-Zeitungen“ 1702 ca. 700 Stück gedruckt. Ähnliche Zahlen gelten für andere Städte.

Welches Kriterium als Hauptanliegen einer Zeitung galt, Wohlverhalten gegenüber den Herrschenden oder Zuverlässigkeit in der Berichterstattung, war in der damaligen Zeit nicht immer sicher. Sicher dagegen ist, daß nach Ausbruch des Dreißigjährigen Krieges das Verlangen nach Zeitungen immer größer wurde.So wurde mit Recht der „Krieg der Ernährer der Zeitungen“ genannt, während der Post mit Recht die Mutterschaft zugeschrieben wird. Auch die privaten Blätter beziehungsweise Zeitungen anderer Herausgeber legten großen Wert auf die Mitwirkung der Postbediensteten mit mehreren regelmäßigen aktuellen und guten Informationen als Grundlage.

Pressefreiheit: weder das Wort noch die Sache gab es damals. Das Mitwirken staatlicher Stellen — die Zensur also — machte sich bald unangenehm bemerkbar. Die von den Herrschenden abhängigen Postmeister waren besonders betroffen. Johann von den Birghden wurde eines der ersten Opfer der Zensur. Birghden hatte wie jeder Mensch mit Einfluß Feinde. 1627, zwei Jahre, nachdem ihn der Kaiser geadelt hatte, fiel er in Ungnade und wurde mit der Begründung aus seinem Amt entlassen: Er habe in seiner wöchentlichen gedruckten und besonders in Frankreich verbreiteten Zeitung „viel ungehörige, dem Kaiser und dem gemeinen Wesen nachteilige Sachen“ eingemischt. Außerdem behauptete man, er habe mit den Gegnern des Kaisers Briefwechsel unterhalten.

Birghden war es wie allen engagierten und der Wahrheit verpflichteten Zeitungsmachern ergangen. Um eine stets interessante und aktuelle Zeitung herausgeben zu können, mußte man sich schon damals vielfach recht ungewöhnlicher Mittel bei der Nachrichtenbeschaffung bedienen. Birghden beteuerte natürlich seine Unschuld. Aber alle Versuche, vom Kaiser wieder in sein Amt eingesetzt zu werden, blieben zunächst erfolglos. Seine Gegner waren zu mächtig. Als jedoch 1631 die Schweden Frankfurt besetzten, übertrugen sie die Leitung des Postwesens erneut Birghden, und dieser durfte auch die „Ordentliche wöchentliche Postzeitung“ wieder herausgeben. Nach dem Prager Frieden (1635) war dann Birghdens Zeit endgültig vorbei. Die Zeitung wurde unter dem neuen Titel „Postzeitung“ vom neuen Taxis-Postmeister herausgegeben.

So war Birghden nicht nur einer der frühesten Zeitungsmacher in Deutschland, sondern auch eines der ersten Opfer der Zeitungszensur. Der Journalist Emmel dachte an seinen „Ahnen“ und sah darin eine Form von ausgleichender Gerechtigkeit.

Handgeschriebene Nachrichtenblätter konnten sich neben den gedruckten Zeitungen noch lange Jahre behaupten. Denn neben dem Vorzug größerer Aktualität besaßen sie eben den wichtigen Vorteil, daß sie nicht der Zensur durch den Landesherren oder Magistrat unterworfen werden konnten.

Die regelmäßig erscheinenden Zeitungen waren lange Zeit Spiegelbild des geistesarmen öffentlichen Lebens. Kritik und das Infragestellen der Regierungsmaßnahmen waren verboten. So blieben die deutschen Zeitungen in dieser Zeit, verglichen mit denen in Holland, Frankreich oder England, Vermittler „mühsamer Nachrichten“. Die einzelnen Nachrichten waren jeweils nur aneinandergereiht ohne besondere Ordnung und Untergliederung nach Art der Inhalte. Der Grund für diese Zurückhaltung war die strenge Zensur, die schwer auf dem deutschen Zeitungswesen lastete.

Die Erzbischöfe von Köln und Mainz und Papst Alexander VI. hatten die geistliche Zensur schon Ende des 15. Jahrhunderts eingeführt. Die weltliche Zensur wurde durch den Reichstag zu Speyer 1529 erstmalig angeordnet. Der Reichstag von 1570 ergänzte, daß innerhalb des Reichsgebiets nichts gedruckt werden durfte, was nicht vorher von den zuständigen Behörden geprüft worden war. Außerdem wurde bestimmt, daß auf allen Druckerzeugnissen der Name des Verfassers und Druckers, der Druck und das Erscheinungsjahr anzugeben sei. Dabei blieb es übrigens bis zum heutigen Tage. Jede Zeitung hat heute ein sogenanntes Impressum, das diese Angaben enthält.

Die Zensur wurde von Geistlichen und Magistratsbediensteten ausgeübt. Im Auftrag der Städte arbeiteten sogenannte „Ratslesereien“. Die Zensurmaßnahmen der Kirche führten gewöhnlich die Dominikaner durch.

Immer wieder kam es wegen der Zensur zu empfindlichen Strafen. „Zeitungsschreibern“ wurde „auf die Finger geklopft, zur Haft gebracht und nicht eher befreyhet“, bis „der eine Summe Geldes erleget“ hatte. Häufig wurde eine neue Zeitung mit der Begründung, die Zensurstelle käme mit ihrer Arbeit nicht nach, nicht genehmigt.

Den Zeitungsschreibern war zur Pflicht gemacht worden, „alles Resonierens und harte Ausdrücke gegen die allerhöchsten Höfe und alle bestehenden Regierungen auf das Sorgfältigste zu enthalten". Sie schwebten daher fast dauernd in Gefahr, selbst mit scheinbar harmlosen Meldungen das Mißfallen höchster Herren zu erregen und bestraft zu werden. So verbot beispielsweise der Rat der Stadt Nürnberg 1632 den dort erscheinenden Zeitungen, die Nachricht von der Niederlage Tillys im Dreißigjährigen Krieg zu veröffentlichen. Unterschiedliche politische Meinungen, verbotene Nachrichten und religiöse Streitigkeiten wurden damals daher vorwiegend in Flugblättern verbreitet.

So kam es 1635 und 1638 zu Verboten gegen diese „Verdächtigen Correspondenzen, Bericht und Avisen-Schreiben". Nachfolger des Großen Kurfürsten und später die von Friedrich dem Großen gingen scharf gegen die Schreiber vor. Das entbehrte jedoch nicht einer unfreiwilligen Komik. Denn gerade die Fürsten, die in ihren Territorien sehr entschieden die Zensur ausübten, lasen besonders interessiert und regelmäßig auswärtige Bulletins.

Friedrich der Große schien zunächst der erste Herrscher zu sein, der erkannte, daß eine zensierte Zeitung zumeist eine langweilige Zeitung ist. Er bestimmte bei seinem Regierungsantritt 1740, daß Gazetten, wenn sie interessant sein sollten, „nicht genieret werden" dürfen. Aber schon 1743 sah er sich zu einer Kabinettsorder veranlaßt, die besagte „daß die Freyheit öffentlicher Zeitungen sonder vorgängiger Censur drucken zu lassen, aufgehoben seyn". Der

1
2
FRIEDERICH DER GROßE UND DIE VERBOTENE ZEITUNG
3
4

Auslöser dieser Order war die zu österreichfreundliche Berichterstattung Frankfurter, Hamburger und Kölner Zeitungen während des 2. Schlesischen Krieges.

40 Jahre später, 1781, beschritt Kaiser Joseph II. energischer das Feld der „Pressefreiheit". Darauf schossen die verschiedensten Blätter wie Pilze aus der Erde. Die Französische Revolution schien danach den endgültigen Durchbruch zu bringen. Aber in Wirklichkeit bedeutete sie zum Teil wieder einen Rückschritt. Unter Napoleon schließlich waren die Verhältnisse nicht viel besser. Vor allem das deutsche Zeitungswesen litt sehr unter seiner Herrschaft. In Köln wurden drei politische Zeitungen verboten. Im Großherzogtum Frankfurt mußten sämtliche politischen Blätter ihr Erscheinen einstellen. Als „Ersatz" erschien die „Gazette du Grand Duché de Francfort". 1811 erließ Napoleon einen Befehl, daß keine deutsche Zeitung andere politische Nachrichten als die im französischen „Moniteur" bereits veröffentlichten bringen durfte.

Nach Napoleons Sturz 1815 belebte sich in Deutschland das Pressegeschäft. Die freimütige und kritische Berichterstattung im 1814 von Josef Görres gegründeten „Rheinischen Merkur" und in anderen Blättern mißfiel jedoch bald den deutschen Regierungen. 1819 wurde die Zensur in fast allen deutschen Ländern wieder sehr streng gehandhabt. Erst die Revolution von 1848/49 brachte eine grundlegende Änderung: Die Presse konnte freier arbeiten.

Eine Entwicklung begünstigte das Entstehen einer freien Presse. Herausgabe und Transport von Zeitungen wurden auf eine natürliche Weise — und nicht gezwungenermaßen — getrennt. Nun kamen Intellektuelle, Politiker und engagierte Persönlichkeiten wieder zum Zuge. Egon Emmel dachte wieder an seinen „Ahnen".

Die Postmeister hatten mit dem ansteigenden Postverkehr genug zu tun und konnten sich nicht mehr wie bisher dem Nachrichtengeschäft widmen. Aber sie sorgten weiter für den Vertrieb der Zeitungen. Die Organisation des Zeitungsverkaufs und der Zeitungsverteilung war für die Verleger ein zu schwieriges Geschäft. So kam es, daß schon in der zweiten Hälfte des 17. Jahrhunderts die Postmeister einen zweckmäßigen Zeitungsvermittlungsdienst einrichteten. Sie nahmen die Zeitungsbestellungen entgegen, kassierten die Bezugsgelder und führten die Bestellungen aus. Dann verteilten sie die eingegangenen Blätter an die Bezieher. Die Postmeister bekamen für diese Arbeit eine Provision. Das war eine Möglichkeit einträglicher Nebeneinnahmen, die sehr viele von ihnen nutzten.

Da die Postmeister ihre Provisionsanteile fast immer nach eigenem Gutdünken festsetzten, wurden zu Anfang des 19. Jahrhunderts die Klagen über unterschiedliche und ungerechte Preisfestsetzungen immer lauter. Der preußische Staatskanzler Fürst Hardenberg sah sich zum Eingreifen veranlaßt. 1821 formulierte das „Regulativ über die künftige Verwaltung des Zeitungswesens“ grundlegende und umfassende Regelungen. Die Aufteilung der Provision sah jetzt ein Drittel für die Verlagspostanstalt und zwei Drittel für die Absatzpostanstalt vor. Das Regulativ entzog außerdem den Postmeistern das Geschäft des Zeitungsvertriebes und übertrug dies der Post als staatliche Aufgabe.

Am 1. Januar 1822 wurde in Berlin auf Grund der Bestimmungen des Regulativs das Königliche Zeitungs-Komtoir gegründet, das jährlich einen Zeitungs-Preis-Courant (die heutige Postzeitungsliste) herausgeben sollte. Der erste erschien am 30. November 1822 für das Jahr 1823. Hier waren diejenigen Zeitungen aufgeführt, die bei den Postanstalten bestellt werden konnten. Er enthielt 474 Zeitungstitel: 160 politische, davon 73 in deutscher Sprache, 163 nichtpolitische, davon 126 in deutscher Sprache, sowie 151 weniger als einmal wöchentlich erscheinende Zeitungen, davon 85 in deutsch. Eine gewisse Kontrolle oder Zensur war damit möglich, da Zeitungen und Zeitschriften, deren Inhalt den Interessen des Staates zuwiderlief, vom Bezug durch die Post ausgeschlossen waren. Dies trifft im übrigen auf die heutige Postzeitungsliste ebenfalls zu.

Aber auch durch die staatliche Regelung blieb das Dienstgeschäft wie bisher. Die Postmeister nahmen die Bestellungen entgegen, warben für den Absatz der Zeitungen, zogen das Zeitungsgeld ein, verpackten die Zeitungen, versahen sie mit Anschriften und verteilten sie nach dem Transport wieder. Dies begann vor fast 300 Jahren, und die damals bei der Post aufgestellten Richtlinien für den Zeitungsvertrieb blieben mit geringen Änderungen bei der Post bis zum heutigen Tag gültig.

Der Zeitungsdienst der Post hat auch in der Vergangenheit keine schwarzen Zahlen gebracht. Klagen über zu hohe Zeitungsgebühren sind daher nicht gerechtfertigt. Die Kosten für den Postzeitungsdienst trägt zu 50 Prozent die Post. Mit Hilfe der Post und dem von ihr verfolgten Grundsatz, Zeitungen überall hin zu gleichen Preisen zu bringen, hat sich das Zeitungswesen bei uns – anders als in Frankreich oder England – gleichmäßig über das ganze Gebiet der Bundesrepublik verbreiten können. In Nordamerika brachte ebenfalls ein niedriger Zeitungsposttarif eine große Verbreitung des Zeitungswesens über das ganze Land.

Post und Zeitung gehörten immer schon zusammen. Egon Emmel war seinem „Vorfahr" dankbar für seinen Streit mit dem Postmeister Birghden. Auf diese Weise wurde ihm eine Beziehung deutlich, die er bisher nur als Ballast empfunden hatte. Er sah seine Arbeit, aber auch die der Post mit anderen Augen. Und wenn er nun mit Egenolf Emmel Zwiesprache hielt, dann waren seine Gedanken versönlich: Nur gut, daß die Post und deren „Meister" die Zeitungen nicht mehr selber machen, aber daß sie für ihren pünktlichen Transport sorgen und die Nachrichtenwege garantieren.

Denn, wer weiß, manches bleibt doch hängen . . .

Postkutsche

„Journalieren“, die Täglichen, nannte Friedrich der Große die Postkutschen, die zwischen seinen Residenzstädten Berlin und Potsdam regelmäßig verkehrten. Die einfache, aber gerade deshalb geniale Idee dazu stammte von seinem Generalpostmeister Reichsgraf Gustav Adolf von Gotter.

Die erste Fahrt einer Postkutsche in Deutschland ist historisch nicht exakt zu belegen. In Brandenburg-Preußen verkehrten sie etwa ab 1675; der Postverkehr war während des 16. und beginnenden 17. Jahrhunderts auf Reit- und Fußbotenverbindungen beschränkt gewesen. Die Einführung der Journalieren im Jahre 1754 war ein erster wichtiger Schritt bei der Beschleunigung des Personenverkehrs.

Friedrich Wilhelm von Brandenburg, der Große Kurfürst, hatte nach dem Dreißigjährigen Krieg (1618—1648) den Aufbau einer eigenen Landespost angeordnet. In den Auseinandersetzungen um den Betrieb der Post konnte sich Friedrich Wilhelm auch gegenüber dem Kaiser, der die Partei der Taxis-Reichspost vertrat, behaupten. Bereits 1649 entschloß er sich, seine über den nordwest- und nordostdeutschen Raum verstreuten Territorien durch einen durchgehenden Postkurs, der im Osten bis Memel und im Westen bis nach Kleve reichte, zu verbinden. Nach dem Vorbild der Taxis-Reitposten wurden im Abstand von etwa drei preußischen Meilen (rund 22,5 km) Poststationen eingerichtet.

Das Reisen mit der Postkutsche war damals allerdings weniger eine romantische, unterhaltende Fahrt, sondern eher ein Martyrium. Die Reisenden wurden in Preußen zunächst in „offenen Stuhlwagen“, einem kargen Leiterwagen, transportiert. Der russische Schriftsteller Nikolay Karamsin beschrieb seine Enttäuschung darüber: „Die preußischen sogenannten Postkaleschen sind dem, was wir Kaleschen nennen, durchaus nicht ähnlich. Sie sind nichts weiter als lange Fuhrwagen mit zwei Sitzen ohne Riemen und Federn.“ Um den Reisenden zumindest einen gewissen Schutz zu bieten, wurden in Preußen, zur Zeit König Friedrichs I., die Postwagen mit einer grünen Leinwand bedeckt. Durch dieses Verdeck herrschte jedoch im Wageninneren fast völlige Dunkelheit.

Der Große Kurfürst hatte das Städtchen Potsdam aus seinem Dornröschenschlaf gerüttelt. Er baute hier ein stattliches Schloß im holländischen Stil und hielt sich von Jahr zu Jahr immer längere Zeit dort auf. Als Residenzstadt zog Potsdam Hof- und Geschäftsleute, Künstler, Handwerker und zahlreiches Personal, das in den kurfürstlichen Kanzleien arbeitete, an. Zwischen Berlin und Potsdam entstand ein lebhafter Verkehr. Der regelmäßige Postkurs Berlin—Kleve wurde über Potsdam geleitet, so daß das Städtchen einen wöchentlichen Posttag hatte.

Diese noch sehr langsame Verbindung — die klevischen Kurswagen mußten nach Potsdam über die Teltower Brücke hinein, und die ganze Prozedur mit Pferdewechsel, Übergabe der Karten, Listen und Postsachen dauerte jedesmal wenigstens eine Dreiviertelstunde — reichte bald nicht mehr aus. Wenn also die „ordinäre Postabführung" besetzt war, reisten eilige Bürger mit der Extra-Post nach

Berlin oder umgekehrt. Und wenn die Pferde des Postmeisters dazu nicht ausreichten, nahm man die von den Fuhrleuten, den „Ackerbürgern“, in Anspruch.

Die Straße wurde dadurch immer belebter, so daß ein besonderes „Enrollement“ die Reihenfolge der Fahrten bestimmen mußte, damit man sich nicht gegenseitig behinderte. Auf jeden Fall entgingen durch diese Konkurrenz der staatlichen Post mögliche Einnahmen, die die Preußenkönige lieber in ihrem eigenen „Säckel“ gesehen hätten.

Das meinte auch der Wirkliche Geheime Staatsrat Gotter, den sich Friedrich der Große von dessen Schloß Molsdorf, wo er nach seinem Ausscheiden aus dem preußischen Dienst ein unterhaltsames geistiges Leben geführt hatte, 1753 wieder in seine Dienste zurückholte und zum Generalpostmeister ernannte. Gotter war der Ansicht, daß die Post dieses anwachsende und lohnende Transportgeschäft selbst betreiben sollte. Warum, so fragte sich Gotter, konnte nicht dazu ein täglicher Postwagen zwischen Potsdam und Berlin verkehren? Ja, warum nicht!

Gotter, 1692 in Altenburg geboren, war 1715 mit seinem Vater, einem gothaischen Kammerdirektor, an den Kaiserlichen Hof nach Wien gekommen; 1725 trat er in den preußischen Staatsdienst über. Drei Jahre später stieg er zum Geheimen Staatsrat, 1740 sogar zum Oberhofmarschall auf. Wenige Jahre später schied er jedoch aus dem Dienst Friedrichs II. und zog sich auf sein Schloß Molsdorf zurück.

Potsdam war nach dem Regierungsantritt Friedrichs II. 1740 schnell gewachsen. Schlösser wurden gebaut, die Hofhaltung des jungen Königs erweiterte sich, die Manufakturen nahmen einen großen Aufschwung, und die Garnison wurde verstärkt. Der Reiseverkehr von Berlin nach Kleve und Leipzig hatte stark zugenommen, so daß für die Passagiere, die nur von Berlin nach Potsdam oder umgekehrt reisten, meistens kein Platz mehr in der regelmäßigen „ordinären" Postkutsche war; die Extra-Post war jedoch vielen zu teuer. Der Gedanke lag also nahe, eine regelmäßige Linie einzurichten, die die knapp vier Meilen dazu in „nur" vier Stunden fuhr: Eine tägliche Post!

1753 beauftragte Gotter die Berliner Hofpostmeister Richter und Jordan, ihm Vorschläge „zur Anlegung einer Post-Chaise von Berlin nach Potsdam, welche täglich hin und her fahren soll", zu machen. Jordans Vorschlag lautete, daß die neue Post wie die ordinäre ohne Unterbrechung bis Potsdam durchfahren sollte. Die Konkurrenz privater Fuhrleute wollte er auf Grund des Postregals ganz ausschließen. Der Fahrpreis könne dann von 22 auf 12 Groschen pro Meile (ca. 7,325 km) herabgesetzt werden. Das würde zu einer starken Auslastung der Kutschen führen. Die Abfahrt, so Jordan, sollte in Potsdam und Berlin zur gleichen Stunde um 6.00 Uhr früh erfolgen und die Rückfahrt jeweils zwischen 2.00 Uhr und 3.00 Uhr nachmittags.

Hofpostmeister Richters Plan lautete dagegen: Auf der Mitte der Strecke, in Zehlendorf, solle eine Poststation eingerichtet werden. Hier würden aus beiden Richtungen die Wagen gleichzeitig ankommen, die Fahrgäste umsteigen und die Postsachen umgeladen und die Kutschen dann jeweils an ihren Ausgangsort zurückfahren. Die Konkurrenz der „Lohnführer", der freien Fuhrunternehmer, wollte Richter lediglich durch die niedrigeren Fahrpreise — ebenfalls 12 Groschen — ausschalten.

Für denjenigen unter den Fuhrunternehmern, der im Auftrag der Post diese Verbindung übernehmen würde, errechneten die „Experten" ein jährliches Fixum von 600 Talern. Für diesen Preis war jedoch kein Fuhrmann bereit, den Auftrag zu übernehmen. So entschloß sich Gotter, das Fixum auf 800 Taler zu erhöhen. Auch das war offenbar zu knapp berechnet, denn wieder meldete sich niemand.

Da kam Hilfe von geistlicher Seite. Propst Johann Peter Süßmilch von Sankt Petri in Berlin sagte Anfang 1754 zu, die „täglich Post" zu übernehmen. Süßmilch, Propst und Mitglied der Akademie der Wissenschaften, war zwar ein praktisch veranlagter Mann, aber sicher kein geborener Fuhrmann oder Postillion. Sein Interesse hatte andere Gründe. Als Privatmann war er Miterbe und durch Zukauf bald alleiniger Eigentümer des Lehnkrugs von Zehlendorf, eines behaglichen Baues mit Walmdach. Sein Krugpächter Huhn war bereit, die nötigen Pferde zu halten und die Krugstube für den Aufenthalt der Rei-

senden einzurichten. In der durch einen großen Kachelofen gewärmten Gaststube konnten die Reisenden ihr Mittagessen einnehmen.

Wie bei allen geschäftlichen Verhandlungen gab es noch einiges Hin und Her, bis der Vertrag unter Dach und Fach war. Zum Schluß glaubte sich Süßmilch plötzlich noch verrechnet zu haben und mit 800 Talern Fixum wegen der hohen Haferpreise nicht auskommen zu können. Gotter lehnte eine Erhöhung jedoch strikt ab, weil er bereits dem König von dem Ergebnis der Abmachung zwischen ihm und dem Propst berichtet hatte. Der Propst versuchte sodann noch einige andere Wünsche durchzusetzen. Er „möchte als einziger das Privileg haben, Nebenwagen auf seine Kosten und seinen Vorteil“ fahren zu dürfen, und: Sein Krugpächter müsse den Titel „Königlicher Postkommissarius“ erhalten und über seinem Krug das königliche Wappen führen dürfen.

Am 2. April 1754 war es dann soweit: Die Abfahrt der ersten beiden Journalieren wurde in Berlin und Potsdam von der Bevölkerung ähnlich bestaunt wie später die erste Eisenbahn. Die Postillione stießen beim Ein- und Ausfahren ins Posthorn, damit ihnen der Weg freigemacht wurde. Die Journaliere sollte mit vier Stunden Fahrzeit auf dieser Strecke bald zu einer Art Schnellpost werden und die ordinäre Post, die für die gleiche Strecke 6—8 Stunden brauchte, überrunden.

Das Geschäft ließ sich so gut an, daß der König bereits ein Jahr später an seinen Generalpostmeister schrieb: „Ihr habt übrigens noch in Geduld zu stehen, bis Ich von Meinem jetzigen Zustand völlig retabliert sein werde, als dann wir miteinander ganz ordentlich theilen wollen."

Die Journaliere erwies sich schon im ersten Betriebsjahr als profitable Einrichtung. Gotter konnte seinem König 1418 Taler Überschuß melden.

Natürlich steckte das ganze Unternehmen zu dieser Zeit noch in den Kinderschuhen, und es gab noch eine Reihe von Änderungen, bis es endgültig eingeführt war. Propst Süßmilch stieg sehr schnell wieder aus dem Geschäft aus. Die neuen Fuhrleute, die es bereits 1755 übernehmen sollten, hießen Dominikus Malge und Gottfried Boinke.

Wenn man sich in dieser Zeit in Preußen nun viel häufiger als früher auf die „Reise machte", so war das noch längst kein Vergnügen geworden. Zwar hatte man in Preußen konsequent ein flächendeckendes Postkurssystem mit über 300 Poststationen organisiert, für die Bequemlichkeit der Reisenden war jedoch nichts getan worden. Während in Frankreich in jener Zeit für die Postlinien und die übrigen Verbindungen „Chausseenabführungen" gebaut wurden, machten in Preußen die „unbeschreiblich elenden" Wege das Reisen zu einer ununterbrochenen Qual. Friedrich der Große erklärte sogar, daß der Straßenbau für Preußen nicht sinnvoll sei, da die schlechten Wege das Eindringen des Feindes in das Königreich

verhindern würden. Der wirkliche Grund war aber sicher, daß die Armee den größten Teil der Staatseinnahmen „auffraß". Darum wurde der König auch von seinen Untertanen, besonders von denen, die häufig auf Reisen gehen mußten, wegen des schlechten Zustandes seiner Straßen kritisiert: „Diesem Zweig der Landverbesserung scheint der König gar keine Aufmerksamkeit zu würdigen, denn selbst der Weg von Potsdam nach Berlin, welchen er selbst so häufig passiert, ist unbeschreiblich schlecht."

Auch in anderen Ländern gab es eher Postkutschen als gepflasterte Straßen. Die Fertigkeit des Straßenbaus war seit den Tagen der Römer in Vergessenheit geraten. Pfade entstanden damals lediglich durch regelmäßigen „Querfeldeinverkehr" von Menschen und Tragtieren. Diese Pfade wurden dann durch Landfuhrwerke und Kutschen zu Feldwegen gebahnt, und ein solcher Weg, 30 bis 40 Jahre lang zu „Handel und Wandel" genutzt, stieg zu einer „Landstraße" auf. Diese mußten von den Gemeinden und anderen Anliegern unterhalten und repariert werden. Dafür durften sie Wegezoll fordern und sogar verunglückte Fahrzeuge und deren Fracht für sich einbehalten. Kein Wunder, daß der Wille zu diesen Pflegearbeiten nicht besonders groß war. Statt mit Steinen aus den benachbarten Feldern oder mit abgehacktem Strauchwerk und Schlamm die tiefen Löcher zu füllen, überließ man diese Arbeit der Natur. Und so sahen die „Straßenabführungen" denn auch aus.

Diese Wege hatten oftmals nur eine Spur. Da sich hier aber häufig Wagen begegneten und ein Ausweichen praktisch unmöglich war, „müssen die Fuhrleute ständig mit der Peitsche knallen, damit ein ihm begegnender Fuhrmann sich nicht gegen sie festfährt". So steht es in einem Bericht aus den Anfängen der Postkutschenzeit. „Die Hohlwege sind mitunter so tief ausgefahren, daß der hochbeladene Wagen nicht aus ihnen herausragt und in Wäldern grünbedachte Tunnel entstanden sind, an deren Aushöhlung Jahrhunderte und viele Generationen gearbeitet haben. Nach Eintritt des Regenwetters arbeitet man sich so gut durch den Brei als es gehen will, so daß nicht selten ein ganzer Tag damit hingeht, eine Stunde Wegs mit Hilfe drei- oder vierfachem Vorspann zurückzulegen."

Preußen war das Land mit den schlechtesten Wegen im Deutschen Reich. In dem Heidesand gab es wenig Steine am Weg, um die Löcher auszufüllen, und der Staat selbst war arm. So half es letztlich auch nichts, daß die Postillione mit 50 Stockprügeln Strafe für jedes „Umwerfen" ihrer Kutschen bedroht wurden. Das Umwerfen war häufig unvermeidlich.

Die besten Straßen gab es damals in Frankreich. „Chausseen" entstanden, die nicht den Krümmungen der Naturwege folgten und für die extra ausgebildete Ingenieure einen Unterbau aus Steinen und eine gewölbte Decke aus Kies und Sand konstruierten. Diese Ingenieure wurden in einer besonderen, in Paris gegründeten Fachschule ausgebildet. Diese Straßenbaukunst wurde bald von anderen Ländern übernommen, und die Absolventen erhielten auch Aufträge in anderen Gegenden. So entstand in Bayern die Chaussee von Landshut bis München. Als Goethe von Karlsbad kam, schilderte er ein derartiges Bauwerk: „Es läßt sich keine vollkommenere denken . . . kommt man fort mit unglaublicher Schnelle." Bei der „unglaublichen Schnelle" handelte es sich um sechs Stundenkilometer.

Ungenügend wie der Straßenbau waren zu der Zeit auch die Fahrzeuge. Ganz zu Anfang handelte es sich um „unmittelbar auf den Rädern aufsitzende, rumpelnde Truhen". Später wurden die Kutschen aufgehängt, zunächst an Ketten, danach an elastischen Lederriemen. Der Erfinder dieser Neuerung lebte in dem ungarischen Dorf Kocs. Die Deutschen nannten diese Fahrzeuge nach dem Herkunftsort Kutsche, und von Kutsche stammt dann der englische Begriff coach. Aber auch die Kutschen blieben zunächst unbequeme Kisten, in die die Reisenden durch eine Öffnung „hineingestopft" wurden. Die regelmäßige Postkutsche, die Güter und Personen beförderte, wurde „Ordinari" genannt. Diese Bezeichnung definierte der Komponist Carl Friedrich Zelter, ein Freund Goethes, als eine Einrichtung, bei der man „freundlich, freiwillig und ordentlich um Erlaubnis bitten muß, gerädert zu werden und dafür noch bezahlen, und zwar im voraus bezahlen zu müssen".

Die Reisebeschreibungen aus der damaligen Zeit verschweigen diese Torturen

keineswegs. „In Preußen“, beschrieb Marie Helene von Kügelgen 1804 die Anstrengungen einer Reise, „gibt es nur sandigen, steinigen oder morastigen Boden. Bald wurde uns die Seele aus dem Leib gestoßen, dann schwammen wir wieder bis über die Achseln im Sande und versanken gleich darauf wieder im Moor oder in großen Wasserlachen.“

Und so etwas erlebte man nicht nur in Preußen. Das Reisen mit der Postkutsche war eines der Hauptthemen der zeitgenössischen Satire. Georg Christoph Lichtenberg schrieb: „Sie streichen die Postwagen rot an, als Farbe des Schreckens und der Marter, und bedecken sie mit Wachslinnen, nicht, wie man glaubt, um die Reisenden gegen Sonne und Regen zu schützen . . ., sondern aus derselben Ursache, warum man denen, die gehenkt werden sollen, eine Mütze über das Gesicht zieht: damit nämlich die Umstehenden die gräßlichen Gesichter nicht sehen mögen, die jene schneiden.“

Ludwig Börne, der 1821 eine „Monographie der deutschen Postschnecke“ verfaßt hat, äußerte sich darin sehr ironisch zu den Reisebedingungen. Das Reisen mit der Postkutsche ging jedenfalls nicht viel schneller als das Reisen auf Schusters Rappen, und bequemer war es auch nicht. Börne über die Abfahrt der Kutsche: „Nach den Fenstern guter Freundinnen kann man oft und lange zurücksehen; guten Freunden begegnet man zweimal auf der Straße. Hat ein Reisender vergessen, seine Rechnung im Gasthaus zu bezahlen, so kann ihm der Wirt nachgehen und ihn

daran erinnern." Börne kritisierte weiter augenzwinkernd, daß das langsame Fahren auch außerhalb der Stadtmauern auf den Landstraßen fortgesetzt werde. Er erklärt dies damit, daß „der plötzliche Wechsel der Schritte, von langsamen zu geschwinden", den „Pferden, wie bekanntlich, sehr schädlich" sei.

Die „offenen Stuhlwagen" in Preußen hielten sich dort besonders lange als Reisegefährt. Personen von hohem Stand allerdings, die mit der Extra-Post fuhren, blieben derart extreme Zumutungen bald erspart. Zum vornehmen Reisewagen des 18. Jahrhunderts wurde die von dem brandenburgischen Oberst Philippe de Chiesa konstruierte und zuerst in der preußischen Hauptstadt eingeführte Kutsche. Das Fahrzeug erhielt daher den Namen „Berline".

Auch bei der „Journaliere" wurde recht bald an technische Verbesserungen gedacht. 1755 machte ein Adeliger dazu schriftliche Vorschläge: „Die neuen Wagen müßten stärker gebaut werden, nicht wie die alten so subtil, daß man sie für Nürnberger Arbeit (Tand) halten konnte, auch drei Finger breiter, damit starke Personen nicht mehr sich zu pressen nötig haben, auch eine starke Handbreite länger, damit die vorderen Passagiere nicht zu kurzen Raum zum

Strecken der Füße hätten und ihre Knie auf der Reise nicht zu viel empfinden müßten. Vorn müßten sie drei Finger breit höher sein,damit die Passagiere auf der ersten Bank vor dem Postillion capabel wären mit dem Hut zu sitzen, sonst stoßen sie an oder sitzen krumm, was manchem Passagier sehr penibel ist, und er würde sich der Journaliere zum zweitenmal nicht bedienen. Selbige Wagen wären mit Rückenlehne zu machen, in den die zweiten und dritten Bänke unumgänglich Rückenlehnen haben müßten, wodurch kein starker Passagier einem Mageren zu nahe kommen kann, auch niehmale der Schwächere den Starken auf seinen Rücken nehmen darf, indem jedem sein Sitz auf die Art aparte verbliebe, ja es würde auch, wenn die Bänke so verfertiget würden, niehmalen viel Lärm und Zänkereien wegen der beiden besten Sitze, als jetzt so entstehen, weilen auf solche Weise alle Gesäße im ganzen Wagen egal würden."

Im Laufe der Zeit wurden die Reiseumstände erheblich verbessert. Einen Rückschritt gab es für die Sicherheit und Bequemlichkeit der Reisenden mit der Postkutsche allerdings jedesmal in Kriegszeiten. So auch in Preußen durch den Siebenjährigen Krieg. Dann machten vor allem umherstreunende Banden, Räuber und Wegelagerer das Reisen zu einem gefährlichen Abenteuer.

Ein Bericht über die Fahrt einer Postkutsche durch die Pinnowsche Heide nach Berlin, am 13. August 1789, beweist, welche Gefahren damals am

Wege lauerten: „Postillion Wegner lenkte die Pferde. Sein fünfzehnjähriger Bruder, der den Postillion auf jener Fahrt durch die Pinnowsche Heide nach Berlin hinein begleitete, zog es indessen vor, lieber neben der Kutsche herzulaufen, die ohnehin nicht in besonders flottem Tempo fuhr, zumal sich ihm noch ein wandernder Schlächterknecht, der 33jährige Johann Christian Lenz, aus Oranienburg, dazugesellt hatte, der vorgab, den gleichen Weg zu haben. Gerade wollte sich Lenz ein Pfeifchen anstecken, als er feststellen mußte, daß er kein Feuer bei sich trug.

Geschwind erbot sich der junge Wegner, dem Lenz beim Feuerschlagen behilflich zu sein, was dieser dankend akzeptierte. Als er sich so mit Feuerstein und Zunder mühte, ein Glimmen zu erzeugen, von dem Lenz sein Pfeifchen in Gang bringen konnte, traf ihn der tödliche Schlag: Ein Feldstein, von kundiger Hand geführt, knallte ihm so hart auf den Kopf, daß er gleich in den Graben rollte. Der Schlächter, der der Täter war, sprang ihm nach, um ihn mit weiteren Schlägen daran zu hindern, später gegen ihn zeugen zu können. Dann lief er der Kutsche nach.

Nachdem er diese eingeholt hatte, fragte der Postillion von seinem Bock den neben der Kutsche herlaufenden Schlächter nach dem Verbleib seines Bruders. Dabei beugte er sich seitlich herunter, um nach rückwärts Ausschau zu halten — und just in diesem Moment ereilte ihn das gleiche Schicksal, das vor wenigen Augenblicken auch seinem Bruder beschieden gewesen war. Dann sprang der Schlächter in die Kutsche und erstach mit seinem langen Messer den nichtsahnenden Schirrmeister, um ihn anschließend ebenfalls aus der fahrenden Kutsche hinaus in die Heide zu werfen. Später sagte Lenz, daß dieser dabei noch ein bißchen gezappelt habe.

Dann lenkte er die Kutsche von der Straße weg in die Heide hinein, brachte sie dort zum Stehen und rollte genüßlich die sechs Fässer und noch einige Säkke herab, in denen sich 6800 netto Stettiner Accise-Gelder befanden — alles in Münzen, eine recht gewichtige Sache also. Die Kutsche ließ er weiter rollen und vergrub — bis auf etwa 50 Gulden, die er in seiner Geldkatze verwahrte — seinen gesamten Raub unter Heidebüschen. Schließlich verließ er die Stätte seines bösen Tuns und verschwand.

Am nächsten Morgen war der Dorfschulze des Fleckens Birkenwerder nicht wenig erschrocken, als ihm eine aufgeregte Bauersfrau die Nachricht brachte, daß dort in der Landschaft einer liege, der keinen Mucks mehr von sich gäbe. Als er die Sache nachprüfte, stellte sich heraus, daß es gleich drei Männer waren, die alle tot zu sein schienen. Er alarmierte die Garnison, die alsbald die ganze Heide durchkämmte und dabei sowohl die Kutsche als auch — in frischen Grabstellen — einige der Fässer des geraubten Geldes fand, die etwa 4000 Gulden enthielten. Und nun startete man die größtangelegte polizeiliche Suchaktion, die jene Gegend bis dato gekannt hatte.

Dabei stellte sich heraus, daß sich ein Schlächterknecht mit Namen Lenz in ganz verdächtiger Form danach erkundigt habe, ob und wann die Postkutsche Geld mitführte. Dem Gerücht ging man nach, und einige weitere Indizien ließen den Verdacht so stark bestätigt erscheinen, daß ein Steckbrief erlassen werden konnte, der 100 Gulden demjenigen versprach, der den Verdächtigen gefangennehme.

Nur drei Tage später, am 17. August, konnte sich der Scharfschütze Zimmermann vom Lichnowskyschen Regiment dieses Geld verdienen, als er sich mit seiner Frau gerade auf dem Wege zum Doellenschen Kruge befand, um dort ein Gläschen zu trinken. Am Wegrand sah er ein verdächtiges Individuum sitzen, dessen Äußeres der Beschreibung im Steckbrief entsprach und das sich auf Befragen nicht ausweisen konnte. Zimmermann zog daraufhin kurzentschlossen den Säbel und führte den Verdächtigen, die Spitze der Klinge dem suspekten Subjekte unmißverständlich auf den Rücken gerichtet, kurzerhand ab.

Bald ergab sich, daß der tüchtige Scharfschütze den Gesuchten erwischt hatte. Der leugnete zwar anfangs die Tat und gab nur schrittweise seine Beteiligung daran zu, legte aber zum Schluß nach wochenlangen Verhören ein vollständiges Geständnis seiner Schuld ab, ja, er zeigte den Gendarmen sogar noch einige Flecke, an denen er weiteres Geld vergraben hatte, was somit wieder zum Vorschein kam."

Damit war dann soweit alles klar, und Friedrich Wilhelm II., von Gottes Gnaden König von Preußen u.s.w., setzte seinen Namenszug unter ein Urteil, wonach der des Straßenraubes und des dreifachen Mordes überführte Johann Christian Lenz „auf Anführung auf einem mit einer Kuhhaut bedeckten Schinderkarren nach dem Richtplatz geschafft, mit dem Rade von unten auf vom Leben zum Tode gebracht, der Körper aber auf das Rad gepflochten werden" sollte.

Zwei Offiziere und 50 Mann Husaren-Patrouille hielten die schaulustige Menge davon ab, am 19. Januar 1790, allzu dicht an den Wagen heranzukommen, der durch die Mohrenstraße, Markgrafenstraße, über den Gendarmenmarkt durch die Charlottenstraße, dann über den Lindenweg in die Friedrichstraße zum Tor hinaus vor Berlins Pforten auf den Richtplatz ging. Das vorgeschriebene Protokoll für die Hinrichtung wurde genau eingehalten — nur daß der Verurteilte zuvor mit einer Schnur — vom Publikum unbemerkt — erdrosselt wurde. Ihm, dem Posträuber Lenz, widmete ein unbekannter Berliner Poet sogar ein Gedicht, welches im Jahre 1790 zusammen mit einem Bericht über seine Missetat erschien. Dessen letzte zwei Zeilen enthalten eine moralische Nutzanwendung für jeden künftigen Posträuber, nämlich: „Drum möge sich doch jederman dahin bestreben, daß er vor Gott und Menschen kann getrost und christlich leben!"

Der Fall des Posträubers Lenz steht für viele in jener Zeit.

Das Reisen wurde dann wieder sicherer und auch die Wagen besser, und im Laufe der Zeit sogar die

Wege. Während in Württemberg bereits in den vierziger Jahren des 18. Jahrhunderts „Chausseen“ entstanden, begann man in Preußen erst 1792 mit dem Bau von „Kunststraßen“. Natürlich wurde die Verbindung Potsdam—Berlin zuerst angelegt. Auf der neuen Chaussee von 1795 legte die Journaliere die Strecke, für die sie bisher mindestens vier Stunden gebraucht hatte, in drei Stunden zurück. Im 19. Jahrhundert sank dann ihre Fahrzeit auf zweieinhalb Stunden. Die Zahl der Fahrten wurde daraufhin sehr bald erhöht. Bis zur Eröffnung der Eisenbahn Berlin—Potsdam im Jahre 1838 verkehrten dort sechs Wagen täglich in jede Richtung. Die Eisenbahn löste die Journaliere jedoch nicht sofort vollständig ab. 1839 kündigte der Postfahrplan neben drei Eisenbahntransporten noch zwei Journalieren in jede Richtung an. Die Eisenbahn war ja auch zunächst eine auf Schienen gestellte und mit Dampf betriebene Journaliere, die im ersten Jahr sogar noch bei nebligem Wetter und in der Dunkelheit mit Pferden statt mit Dampf betrieben wurde. Das änderte sich erst, als die Potsdamer Bahn 1846 bis Magdeburg weitergeführt wurde.

So stellte die Einführung der Journaliere durch Friedrich den Großen, obwohl nur für die Verbindung zwischen den Residenzen Berlin und Potsdam eingerichtet, dennoch den ersten deutlichen Fortschritt in der Personenbeförderung in Preußen dar.

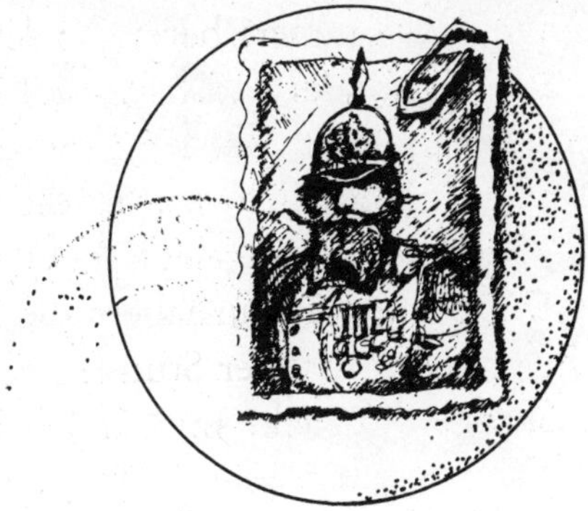

Briefmarke

Die Queen betrachtete gerührt das 4,4 Quadratzentimeter große Stück Papier. Wie lange wurde es schon benutzt? Wie viele Schicksale begleitete es auf ihrem schriftlichen Weg durch die Welt? Sie schüttelte den Kopf. So viele Jahre, und das Bild gefiel ihr immer noch. Was machte es, wenn sie schon lange im Profil nicht mehr so aussah wie auf diesem dunklen Scherenschnitt, sie längst ein Doppelkinn hatte? Dieses Bild, das auf jeden in England geschriebenen Brief geklebt wurde, war so schön und makellos in den Proportionen, so fein gestochen! Solange sie in England regierte, sollte ihr Bild, das Bild, das sie als Thronfolgerin zeigte, weiter als Motiv für die Penny-Marke dienen — das Motiv der ersten Briefmarke der Welt.

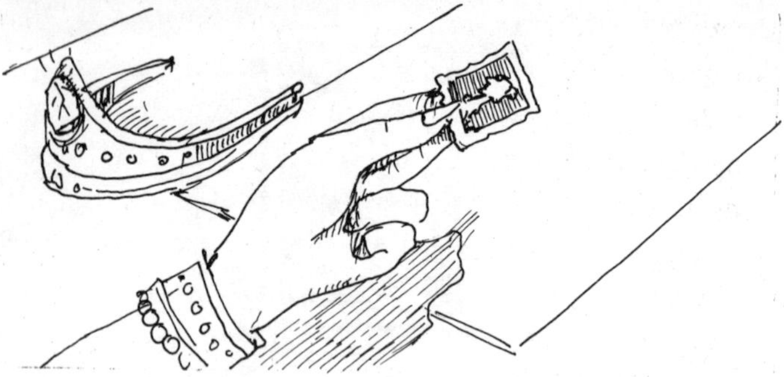

Der erste Entwurf dazu stammte von Rowland Hill. Ihm verdankte England noch viel mehr als diese Marke! „Das wenigste, was ich dafür tun konnte, ihm danken konnte, war, daß ich ihn in den Adelsstand erhob: Sir Rowland Hill."

Queen Victoria erinnerte sich, wie sie als achtzehnjährige junge Monarchin begeistert war von ihrer kleinen Profilminiatur in Form eines Flachreliefs. Es entsprach ihrem Bild als Fünfzehnjährige. Damals hatte sie zum erstenmal das Rathaus von London besucht, und zur Erinnerung daran war eine Gedenkmünze geprägt worden. Ein ähnliches Porträt von ihr war dann auf das kleine Wertzeichen gekommen, die Briefmarke. Das geschah im Jahre 1840, bald nach dem Inkrafttreten der großen Postreform in ihrem Lande, die sie in ihrer Thronrede am 17. August 1839 angekündigt hatte.

Rowland Hill, von dem die Vorschläge zu der vom Volk, vor allem von den Geschäftsleuten gewünschten Postreform stammten, hatte auch die entzückende kleine Miniatur von ihr in Aquarell gemalt: den Entwurf zur Penny-Marke. Sie hatte ihm damals dafür die Probleme nachgesehen, die Hill der Verwaltung des Landes mit der preiswerten Penny-Beförderung und seinen Reformen machte. Wenn sie so gut wie dieses kleine Wertzeichen waren, so hatte sie gedacht, dann würden sie sich im Endeffekt auszahlen.

Und so war es dann auch geschehen. Der Postmaster-General war zwar immer anderer Ansicht als Hill gewesen und hatte dessen Vorschläge sogar als Dummheiten bezeichnet, aber sie wußte schon als Achtzehnjährige, daß man mit der Zeit gehen mußte. Als Königin durfte sie sich nicht gegen die Wünsche des Volkes stemmen. Es war der Vorschlag des Parlaments gewesen, eine Kommission zur Beseitigung der Mißstände im Postwesen zu bilden. Und diese Kommission hatte die Hillschen Ideen aufgegriffen.

Die junge Königin wußte auch, daß die im Dienste der Krone ergrauten Beamten des Postwesens sich häufig über Hill beklagt hatten und daß sie diese sicher vor den Kopf stieß, wenn sie sich mit ihrem Porträt so sichtbar in den Dienst der neuen „Penny-Post“ stellte.

Der Sekretär der Postdirektion verstand jedenfalls die Welt nicht mehr. Er schrieb noch drei Jahre vor Inkrafttreten der Reform — das war kurz vor seinem Tode: „Billige Posttaxen — was ist das für eine Sache, über die die Leute diskutieren? Ist es möglich, daß ich mich mein Leben lang getäuscht habe? Meine feierliche Pflicht, die mir verschiedene Minister vor langer Zeit eingeschärft hatten, bestand darin, das Posteinkommen möglichst erträglich zu gestalten. Wo in aller Welt werden Güter für den Fabrikant und Händler gratis oder zu so niedrigen Ansätzen befördert, daß kein Gewinn herausschaut?" Die Königin lächelte nachsichtig.

Und der Postmaster-General selber tobte gegen die Vorschläge des britischen Parlaments: „Was den von Herrn Hill eingereichten Plan anbelangt, so ist es das Absonderlichste aller wilden und phantastischen Vorhaben, von denen ich je gehört oder gelesen habe!"

Na ja, all das hatte letztlich nicht viel genutzt. Ab Januar 1840 zahlte der Absender für einen normalen Brief nur noch einen Penny, unabhängig davon, wie weit er transportiert werden mußte. Das war doch eigentlich viel zu wenig und mußte große Einbußen bei den Staatseinnahmen bedeuten! Der Mann, der es mit großer Hartnäckigkeit so weit gebracht hatte, daß ein solches Gesetz verabschiedet werden konnte, und der England noch im gleichen Jahr die Briefmarke bescherte, war 1795 als Sohn eines Privatschuldirektors in Kidderminster bei Birmingham zur Welt gekommen.

Nach Beendigung seiner Schulzeit war Rowland Hill zusammen mit seinen vier Brüdern als Lehrer an der väterlichen Schule tätig. Das bedeutete harte Arbeit. Hill fühlte sich wohl recht bald überarbeitet und krank und entschloß sich, einige Zeit Pause zu machen. Er reiste ins Ausland. In Frankreich lernte er, glücklicherweise für England, einen Landsmann kennen, der sich mit der Kolonialisierung Südaustraliens beschäftigte und ihm die Stelle eines Sekretärs anbot.

1835 bewilligte die britische Regierung diesen Posten, und Hill nahm den Vorschlag an, Sekretär der Kommission für Südaustralien zu werden. Das war etwas ganz anderes, als Lehrer in Kidderminster zu sein. Er schrieb später dazu in seinen Erinnerungen: „Das war natürlich eine sehr große Veränderung. Es blieb abzuwarten, ob ich mich durch meine bisherige Beschäftigung auf diese rein zufällige Aufgabe genügend vorbereitet hatte. Die Not zwang mich, fleißig, pünktlich und beharrlich zu sein. Diese Eigenschaften ließen zusammen mit meiner vielleicht natürli-

chen Neigung und meinem angeborenen Talent in mir den Erfindergeist wachsen; sie haben eine gewisse Wendigkeit gefördert, mich mit Kühnheit bewaffnet, um Hindernisse zu überwinden, puren Konventionalismus zu ignorieren, eine gewisse geistige Unabhängigkeit zu fühlen und zu bewahren."

Und eine weitere Fähigkeit verdankte er sicher seinem Schuldienst, „andere zu leiten und meinen Untergebenen Verantwortungsbewußtsein aufzuerlegen".

Hills Leistung wird erst vor dem Hintergrund seiner Zeit deutlich.

Heinrich VIII. aus dem Hause Tudor (1509 bis 1547) machte die Postbeförderung auch seinen Untertanen zugänglich. Er ließ Postämter einrichten mit einem „Master of the Posts", und er tolerierte die damals entstehenden Privatlinien, „Strangers Post", die vor allem Post ins Ausland beförderten. Knapp hundert Jahre später erst wurde die Staatspost organisiert.

Die „Penny-Post" wurde schon damals ein feststehender Begriff in England, allerdings nur für die Beförderung der Post im Londoner Stadtgebiet. 1683 hatte sie Robert Murray für die Beförderung von Briefen und kleinen Päckchen gegründet. London war damals in sieben Bezirke mit je einem Postamt eingeteilt. Kaffeehäuser und kleine Geschäfte nahmen von sechs Uhr früh bis abends acht Uhr die Briefe an. Von dort wurden sie von den Angestellten der Murray-Post eingesammelt, in Postämtern sor-

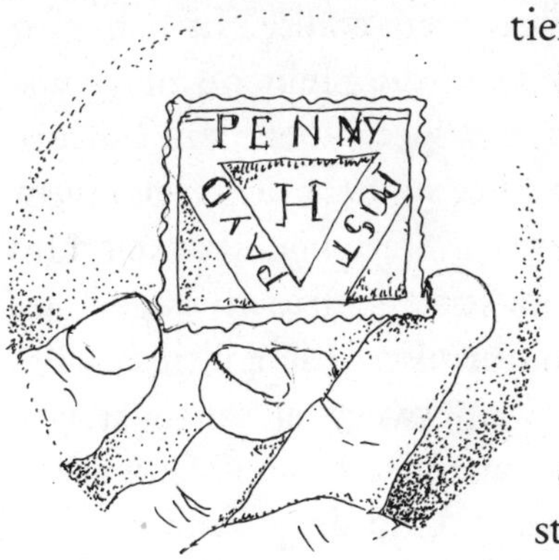

tiert und mit dreieckigen Stempeln versehen und dann von Briefträgern ins Haus gebracht. Der Empfänger hatte das Porto zu zahlen, und wenn ein Brief drei Tage nicht zugestellt werden konnte, ging er an den Absender zurück. Die Penny-Post wurde ein sehr gut gehendes Geschäft, so daß der Staat sich eines Tages diese Einnahmequelle sicherte und zu der übrigen Postverwaltung in seine Hoheit übernahm, die bisher nur die auswärtige Briefbeförderung organisiert hatte.

Die Feldzüge gegen Napoleon I. kosteten England viel Geld, und so sah sich der Staat nach einer neuen Einnahmequelle um. Er kam dabei auf die Postbeförderung. Die Tarife wurden erhöht. Immer dann, wenn die Posteinnahmen sanken, wurden sie erhöht, so daß eines Tages die Beförderung eines Briefes in England den Tagelohn eines Arbeiters ausmachte. Die Folge: Die Leute begannen auf das Briefeschreiben zu verzichten.

In diesem Zusammenhang entstand eine Anekdote um die Erfindung der Briefmarke, über die es verschiedene Versionen gibt. Eine sei hier erzählt: Rowland Hill beobachtete in einem Schloß in Nordschottland, wie der Briefträger einer hübschen Kammerzofe einen Brief übergeben wollte. Er sah, wie das junge Mädchen den Brief anscheinend unschlüssig mehrmals umdrehte und schließlich dem Postboten zurückgab. Hill glaubte, sie habe das Geld nicht und bezahlte ihr das Porto. Statt Dankbarkeit und Freude malte sich Enttäuschung in den Zügen des Mädchens. Der Brief sei ihr also gleichgültig, wollte Hill nun wissen. Nein, keineswegs, er sei sogar von ihrem Verlobten. Aber warum solle sie für etwas bezahlen, was sie bereits wisse. Und sie gestand, daß die Information verschlüsselt auf dem Umschlag enthalten war. Wenn nun der Brief zurück an seinen Absender ging, wußte dieser, daß sie die Botschaft erhalten hatte und daß es ihr gut ging. Und beide Botschaften wären umsonst transportiert worden!

Daß dieses Erlebnis zur Erfindung der Briefmarke führte, ist vermutlich eine Legende. Eines stimmt jedoch: durch die teure Postbeförderung suchten und fanden die Bürger Mittel und Wege, ähnlich wie die der jungen Kammerzofe, die Gebühr zu umgehen. Beispielsweise schrieben drei oder vier Personen in einem Ort Briefe an drei oder vier Personen in einem anderen. Sie gingen in einem gemeinsamen Umschlag an eine Person, die sie dann an die übrigen verteilte.

Ein weiterer Einnahmeverlust war der vom König gewährte Gebührenerlaß für Privilegierte, dazu gehörten der Adel und Parlamentsmitglieder. Wenn ein Parlamentsmitglied ein eigenes Geschäft besaß, konnte es seine gesamte Geschäftspost portofrei erledigen. Und die Verwandten dieser Privilegierten

schrieben ihre Briefe ebenfalls umsonst. Bald genügte es sogar, nur einen hochstehenden Freund zu haben, um sich seine Post umsonst erledigen zu lassen. Wer keine adeligen Freunde hatte, erfand welche, und es gab Personen, die sich in einem halben Jahr eintausendzweihundert falsche Namen aus diesem Grunde zugelegt hatten. Von sechs Briefen aus Manchester beispielsweise trugen schließlich fünf nicht mehr zum Posteinkommen bei. Hinzu kam, daß die staatliche Post unrationell arbeitete, jeden Brief einzeln abwog und das Gewicht umständlich in Formulare eintrug.

So machte sich der junge Unterhausabgeordnete Robert Wallace sehr schnell einen Namen, als er 1833 im Parlament die Postverwaltung scharf angriff. Mit genauen Zahlen konnte Wallace das Unterhaus bald von der Notwendigkeit einer Reform überzeugen. Die Presse unterstützte ihn dabei. Sein Antrag, eine Sonderkommission zur Untersuchung der Mißstände einzusetzen, erhielt die Zustimmung des Parlaments. Wallace wurde 1835 zum Vorsitzenden dieser Kommission eingesetzt.

Der Kolonialbeamte Rowland Hill verfolgte mit großem Interesse die Debatte um die Postverwaltung und begann sich mit dem Problem zu beschäftigen. 1836 nahm er mit Robert Wallace Kontakt auf, um sich von diesem weitere Unterlagen zu beschaffen. Zwischen Wallace und Hill entwickelte sich ein reger Austausch. Auf Grund der von Wallace zusammengetragenen Dokumentation und unter Mithilfe seiner beiden Brüder, Matthew Hill, einem Rechtsanwalt, und Frederic Hill, einem Schriftsteller, veröffentlichte Rowland Hill 1837 die Broschüren „Post Office Reform“ und „Post Office Reform, its importance and practicability“.

Am 13. Februar 1837 durfte Hill seine Ideen der Parlamentarischen Untersuchungskommission selbst vortragen. Hill befürwortete die Übernahme der Londoner Stadtpost in die Gesamtorganisation und machte fünf weitere wichtige Vorschläge:

1. Die Einführung einer einheitlichen und reduzierten Postgebühr, die nicht nach Entfernung, sondern nach Gewicht abgestuft werden sollte.
2. Vorauszahlung des Portos.
3. Abschaffung der Portofreiheit für Adel und Parlamentsmitglieder.
4. Raschere Briefbeförderung.
5. Rationalisierung der Arbeitsvorgänge und drastische Sparmaßnahmen auf allen Gebieten des Postwesens.

Im Juli 1837 legte die Untersuchungskommission den Abschlußbericht vor, aber — zu Hills Enttäuschung — mit einem sehr mageren Ergebnis! Der Bericht sah lediglich eine Reduzierung der Taxen für die Stadtpost vor sowie die Vorauszahlung des Portos. Offenbar hatten sich die öffentlichen Kritiker, vor allem aus der Postverwaltung, durchsetzen können. So hatte der Nachfolger des verstorbenen Sekretärs der Postdirektion noch kurz vorher gedroht: es würden 40 bis 50 Jahre vergehen, bis die Verluste, die bei einer Umstellung auf eine von Hill vorgeschlagene entfernungsunabhängige Penny-Post entstehen mußten, wieder wettgemacht werden könnten. Natürlich hatten auch Adel und Parlamentarier heftig gegen Hills Reformvorschläge protestiert. Aber Hill hatte außer Wallace noch andere Verbündete: Handel, Rechtsanwälte und die über die Presse mobilisierte Öffentlichkeit unterstützten ihn lebhaft.

Schon im Februar 1838 wurde eine zweite Postkommission unter Robert Wallace eingesetzt, die ihre Empfehlungen ein Jahr später dem Unterhaus vorlegte. Aber sie hatte auch diesmal Bedenken wegen des Einnahmeausfalls und schlug nur eine Einheitstaxe von zwei Pence je halbe Unze Gewicht vor. Das aber kam in der Öffentlichkeit nicht gut an. Die Forderung nach der Penny-Post wurde immer lauter. Aus Kreisen der Geschäftswelt gründete sich ein Komitee für Post-Angelegenheiten. Der Sekretär des Komitees, Henry Cole, wurde Hills engagiertester Mitstreiter. Cole begann noch im März mit der Herausgabe der Zeitschrift „The Post Circular". Auf Betreiben von Wallace wurde diese in das Register der amtlichen Zeitungen aufgenommen und damit gebührenfrei — wie noch so vieles andere auch — befördert. Das unterstützte natürlich ihre Verbreitung und den damit verbundenen Mobilisierungseffekt in der Öffentlichkeit.

Das Handelskomitee veranstaltete Protestversammlungen, Unterschriften wurden gesammelt und eine Bittschrift mit 262 800 Namen im Juli 1839 dem Parlament vorgelegt.

Ergebnis: der Gesetzentwurf über die Penny-Post mit Hills Vorschlägen wurde im Unterhaus eingebracht und verabschiedet, und die junge Queen Victoria verkündete in ihrer Thronrede am 17. August des Jahres ihr Einverständnis:

„Mit Befriedigung habe ich meine Zustimmung zur Postgebührenermäßigung gegeben. Ich vertraue darauf, daß die angenommene Vorlage eine Hilfe und eine Ermutigung für den Handel bedeutet und daß dank der Erleichterung der Beziehungen und des Nachrichtenverkehrs ein großer sozialer Fortschritt und eine Verbesserung erzielt wird."

Im Januar 1840 traten der Penny-Tarif und die übrigen Vorschläge, z. B. die Portovorauszahlung, in Kraft. Die meisten bisherigen Nutznießer der Portofreiheit hatten das Nachsehen. Ein entscheidender Schritt fehlte jedoch noch: Wie sollte erkennbar gemacht werden, daß das Porto bereits gezahlt war, wenn die Post einen Brief beförderte? Auch hierfür hatte es eine Reihe von Vorschlägen gegeben.

So hatte sich der Buchhändler, Drucker und Zeitungsverleger James Chalmers aus Schottland aus geschäftlichen Gründen bereits lange vor Hill und Wallace mit einer Verbesserung des Postdienstes beschäftigt und auch schon eigene Vorstellungen zum Wertzeichenthema entwickelt. Er unterstützte daher die Anstrengungen der beiden sogleich begeistert.

In seiner Broschüre über die Postreform hatte Hill noch keinen Hinweis zur Art der Freimachung von Briefen gegeben. Auch als er von der Postkommission am 13. Februar 1837 angehört wurde, sprach er noch von „Umschlägen und Briefbögen mit Aufdruck", die den Briefschreibern zu einem Preis verkauft werden sollten, der die Briefgebühr mit einschloß. Als Hill dann zum Abschluß gefragt wurde, was denn mit Sendungen ohne einen solchen Aufdruck geschehen sollte, war seine womöglich intuitiv richtige Antwort: „In diesem Falle könnte die Schwierigkeit durch die Verwendung eines Stückchen Papiers behoben werden, ungefähr im Ausmaß des Stempelaufdruckes, auf der Rückseite mit einer Klebemasse versehen, damit es der Absender mit ein wenig Feuchtigkeit auf der Rückseite des Briefes festmachen kann . . ." Dieser Gedanke wurde von ihm jedoch zunächst wieder beiseite geschoben. Im Verlauf der Untersuchungsarbeit favorisierte er noch andere Vorschläge wie den der gestempelten Umschläge.

Am Ende des gleichen Jahres legte dann James Chalmers dem gleichen Ausschuß Muster von aufklebbaren Marken vor.

Daß derartige fortschrittliche Gedanken — wie die meisten Erfindungen — zumeist von mehreren zur gleichen Zeit gedacht werden, da sie den Notwendigkeiten der Zeit entsprechen, beweist unter anderem auch Chalmers' Vorschlag. Aber weder er noch Hill haben die Briefmarke erfunden. Die Geschichte der

Briefmarke geht bis zum Jahre 1653 zurück. Bereits unter Ludwig XIV. bestand in Paris eine Stadtpost. Der Absender bezahlte das Porto; als Beleg heftete er einen Papierstreifen mit dem Vermerk „billet de port payé“ an den Brief. Diese Einrichtung bestand allerdings nur wenige Jahre.

James Chalmers aber kämpfte viele Jahre später um die gleiche Idee, mit wiederholten Eingaben an die Kommission, stieß aber dort auf wenig Interesse. Erfinderschicksal!

So schrieb ihm der mit ihm nicht verwandte Unterhausabgeordnete P. Chalmers am 7. Oktober 1839 noch: „Sie haben mich mit Ihrem Schreiben und den beigelegten Mustern der Marken, welche Sie zur Frankierung vorschlagen, beehrt. Ich hatte schon

früher das Vergnügen, von Ihnen eine gleichartige Mitteilung zu erhalten. Meine persönliche Meinung über die Mittel und Wege begünstigt, wie bereits erwähnt, einen unterschiedlichen Plan . . . Die Kommission hat der Regelung aber keinen besonderen Plan zur Annahme empfohlen. Ich zweifle nicht daran, daß die Lords der Schatzkammer alle beachtenswerten Vorschläge gerecht in Erwägung ziehen werden, und dazu gehört sicher der Ihrige."

Nach Annahme des Penny-Postgesetzes war also noch unklar, wie die Gebühren erhoben werden sollten. Einige Monate zuvor, im April 1839, waren Künstler und Wissenschaftler aufgefordert worden, innerhalb von drei Monaten Vorschläge dazu in einem Wettbewerb einzureichen. 2600 Vorschläge befaßten sich mit gedruckten Postsachen und nur 49 mit „gestempelten Zetteln", darunter die Briefmarkenentwürfe von James Chalmers. Der Druckereibesitzer aus Dundee in Schottland hatte eine kurze Tarifskala entworfen und dazu Beispiele seiner eigenen Briefmarkenentwürfe gedruckt. Vier der Bewerber erhielten einen Preis. Chalmers war nicht darunter.

Rowland Hill hatte — nach der Verabschiedung der Reform — der Kommission zur Besiedlung von Südaustralien gekündigt und zur Umsetzung der Postreform einen vom Finanzminister auf zwei Jahre befristeten Posten für 1500 Pfund im Jahr angenommen. Hill hatte zwar gehofft, an die Spitze der Postverwaltung gestellt zu werden, die Zahl seiner Gegner war jedoch zu groß.

So kam es, daß Hill die Vorschläge für die Gebührenerhebung sichten mußte. Dabei stieß er auf die Skizze eines gewissen Cheverton, eines der Preisträger übrigens, der eine aufklebbare Marke mit dem Profil der Königin vorschlug. Nachdem verschiedene andere Versuche zur Gebührenerhebung nicht funktioniert hatten, nahm Hill jetzt diese Vorlage und aquarellierte nach dieser Idee selbst den ersten Entwurf der späteren Penny-Black-Marke und der blauen Zwei-Penny-Marke. Und so wurde Rowland Hill tatsächlich der Schöpfer der ältesten Briefmarke der Welt, die am 6. Mai 1840 zum erstenmal benutzt werden sollte.

Die Experten der „Kunst der kleinen Form" bezeichnen dieses erste gedruckte Postwertzeichen als das „künstlerisch vollendetste aller Briefmarken". Das Bildnis der Königin im Profil, William Wyons' City-Medaille von 1837 nachgestaltet, ist eingefaßt von einem Rahmen klarer Inschriften und Ornamente. Es ergebe ein Bild in 4,4 Quadratzentimetern von „vollendeter Harmonie von Bild, Text und Ornament".

Viele hatten an diesem Werk mitgearbeitet: Der Skizze von Cheverton war der bezaubernde Wasserfarbenentwurf Hills gefolgt, der der später ausgeführten Marke sehr ähnlich blieb. Der Künstler Henry Corbould erhielt den Auftrag, in der Art der Medaille von William Wyon vier Skizzen vom Kopf der Königin anzufertigen. Doch dann fand das frühere Porträt der Königin als Fünfzehnjährige doch mehr Anklang, und die vom herrschaftlichen Stecher der

Siegel und Münzen, William Wyon, gravierte Medaille diente endgültig als Modell für Charles Heath und seinen Sohn Frederic. Vater und Sohn Heath gravierten den Originaldruckstock für die Briefmarke. Das Profil des streng stilisierten Kopfes hebt sich in klaren Umrissen vom dunklen Hintergrund ab, der an den Seiten zu einem Rahmen von netzartigen Durchdringungen von Kreisen mit Sternkreuzen führt. Letztere waren schon auf Hills Entwurf zu sehen gewesen. Hell und Dunkel sind, künstlerisch gelungen, gegeneinander abgewogen. Charles Heath soll allein fünf Tage am Stich der Augenpartie der Königin gearbeitet haben. Von William Salter schließlich stammte die Beschriftung, das „Lettering", „POSTAGE" am Kopf der Marke und „ONE PENNY" an ihrem Fuß.

Die Stecharbeiten hatten im Januar 1840 begonnen, und erst am 2. April konnte Hill der Schatzkammer einige Probebogen vorlegen. Diese waren jetzt so ausgereift, daß die Erlaubnis zum Druck sogleich erteilt werden konnte. Am 1. Mai lagen 600000 Briefmarken zum Verkauf bereit, die ab 6. Mai gültig sein sollten. Queen Victoria gefiel diese Marke so gut, daß sie während ihrer mehr als 60jährigen Regierungszeit bei dieser Marke blieb und auch nicht die kleinste Änderung duldete. Die Penny-Black-Marke wurde von elf Platten in einer Auflage von insgesamt 69 Millionen Stück gedruckt.

Für die schwereren Briefe wurde gleichzeitig eine Two-Pence-Marke mit einem blauen Hintergrund mit Hilfe des Ein-Penny-Druckstocks — bei Änderung lediglich der Preisbeschriftung — hergestellt. Am 8. Mai lagen davon 600 Bogen an den Schaltern bereit. Die Gesamtauflage dieser Marke betrug nur 6,6 Millionen Marken.

Das Papier wurde damals noch von Hand, mit Schöpfrahmen, hergestellt und fiel daher unterschiedlich dick aus. Beim Druckvorgang dehnte es sich noch unregelmäßig, und die Streifen zwischen den Bogenreihen wurden verschieden breit, so daß es selten gelang, die Einzelwerte mit vier gleichmäßigen Rändern auszuschneiden. Schon die beiden ersten Briefmarken der Welt erhielten ein Wasserzeichen, und zwar in Form einer kleinen Krone. Es sollte vor Nachahmung schützen. Der Klebstoff der Marke bestand aus pflanzlichen Stoffen: aus Zuckermelasse und Kartoffelstärke. Ab 1855 mischte man der Masse auch tierischen Leim bei. Aber der „Kitt" haftete nicht besonders gut, so daß jahrelange Versuche für eine bessere Zusammensetzung der Klebemasse gemacht wurden.

Zur Entwertung war damals vorgeschlagen worden, die Marke zu stempeln. Das machte allerdings bei der Penny-Black-Marke Schwierigkeiten. Auf dem dunklen Hintergrund war ein Stempelabdruck schwer erkennbar. Man wählte daher einen „stummen" Stempel (auf dem weder Ort noch Datum vermerkt war) in Form des Malteserkreuzes. Warum gerade das Malteserkreuz ausgesucht worden war, weiß heute niemand mehr. Als Farbe für den Stempel wurde Rot gewählt. Die Farbe wurde in den Dienststellen der Post jeweils neu angerieben. Dadurch entstanden viele verschiedene Farbnuancen. Ende 1840 wurde dann doch eine schwarze Stempelfarbe verwendet, die besser als die rote haftete und deshalb nicht zur Wiederverwendung der Marke abgewaschen werden konnte.

Gleichzeitig mit der Stempelfarbe wurde die Druckfarbe der Marke geändert. Am 30. Dezember 1840 lief nach gründlichem Test der Druck einer roten Ein-Penny-Marke an.

Eine notwendige Verbesserung bei der Herstellung der Briefmarke, die übrigens bis zum heutigen Tag erhalten blieb, stammt ebenfalls aus England: Es war schwierig, die Marken bei dem schmalen weißen Zwischenraum voneinander zu trennen. Findige Köpfe experimentierten bald mit verschiedenen Methoden. So kam man bereits ein Jahr später auf die Idee, die Ränder der Briefmarken mit Hilfe von Nähmaschinen mit Lochreihen zu versehen. Aber erst 1847 teilte der Geschäftsmann Henry Archer dem Generalpostmeister mit, er habe eine „Roulettier-Maschine“ für das Abtrennen von Marken erfunden.

Die Versuche mit dieser Maschine, die zwischen den Markenreihen kleine Löcher anbrachte, sollten sich dann noch Jahre hinziehen. Ab 28. Januar 1854 waren die ersten gezähnten Ein-Penny-Werte an den Schaltern erhältlich. So wurde Großbritannien nicht nur in bezug auf die Postreform, die Einheitsfrankatur und die Briefmarken, sondern auch hinsichtlich

ihrer besseren Handhabung bahnbrechend. Andere Länder folgten diesen Beispielen.

Die „Penny-Black“ wurde Vorbild für eine ganze Reihe klassischer Marken mit Herrscher-Bildnissen, wie zum Beispiel für die ersten Marken in Preußen. Aber dort war es erst 1850 soweit.

Trotz des großen Erfolgs der Hillschen Postreform und des neuen Frankiersystems — in England verdoppelte sich das Briefaufkommen noch im gleichen Jahr und vervierfachte sich innerhalb von drei Jahren — folgten die übrigen Länder nur langsam, mit der Schweiz 1843 an der Spitze. Auch die übrigen Bestandteile der Reform, wie die einheitliche Taxierung und die Portovorauszahlung, wurden übernommen. Allerdings sollte es in England zwar nicht die vorausgesagten vierzig, aber immerhin vierzehn Jahre dauern, bis die Posteinnahmen, die durch die drastische Reduzierung des Portos gesunken waren, durch das steigende Briefaufkommen wettgemacht wurden. Erst 1853, als 411 Millionen Briefe gegenüber 82 Millionen im Jahre 1839 versandt wurden, war es soweit.

Hill selbst brachte seine einmalige Leistung für den internationalen Postverkehr, die er mit so großer Hartnäckigkeit, Weitsicht, Klugheit und Engagement und mit Hilfe tatkräftiger Mitstreiter und Mitdenker durchgesetzt hatte, viele Enttäuschungen. Zunächst wurden die übrigen Bestandteile seiner Reform — außer der Frankatur — in der Postverwaltung verschleppt. Hill hatte zwar als Beauftragter des Schatzkanzlers für die Durchführung der Reform Zutritt zu den Posteinrichtungen, aber die Postler arbeiteten gegen ihn, wo es nur ging. So wurde ihm in typisch formalistischer Beamtenmanier auch erklärt: „Ihre Mitteilungen sind an das Schatzamt zu richten, welches die nötigen Anweisungen an das General-Post-Office weiterleitet. Sie haben keine direkten Amtsbefugnisse und erteilen der Postdirektion keine Befehle."

1842 wurde Hill nach einer Regierungskrise durch den Schatzkanzler gekündigt. Hill trat in die Direktion der neuen Eisenbahngesellschaft „London and Brighton" ein. Aber er behielt „seine Reform" auch hier weiter im Auge. 1841 unterbreitete er dem Unterhaus eine entsprechende Bittschrift, in der er auf die nicht durchgeführten Bestandteile der Reform hinwies. Als dann vier Jahre später eine neue Regierung ans Ruder kam, ergriff er die Gelegenheit und stieg als Sekretär des Generalpostmeisters nun endlich in die Postverwaltung ein. Aber auch jetzt machte man ihm als Außenseiter das Arbeiten nicht viel leichter. 1860 wurde er durch diese ständige Anspannung krank und setzte ein Jahr mit der Arbeit aus. Es folgten danach drei Jahre im Postdienst. 1864 reichte er endgültig, im Alter von 69 Jahren, seinen Rücktritt ein.

Die Krone und die Londoner Geschäftswelt aber hatten seine Leistung für das Land nicht vergessen. Königin Victoria erhob Rowland Hill 1860 in den Adelsstand. Der Handelsausschuß hatte nach seiner ersten Entlassung eine Sammlung zu seinen Gunsten durchgeführt und ihm einen Scheck über 1300 Pfund (damals rund 325 000 Goldfranken) überreicht. So hatte Hill zusammen mit seiner Rente die Grundlage dafür, noch fünfzehn Jahre seinen Ruhestand genießen zu können. Er verfaßte neben einer ausführlichen Autobiographie mehrere Bücher und wurde — wie er es sich immer gewünscht hatte — wie alle großen Söhne des Landes am 29. August 1879 in Westminster Abbey beigesetzt.

Und obwohl die Erben von James Chalmers und Rowland Hill sich später noch darum streiten sollten, welcher von ihnen der wahre Erfinder der Briefmarke sei, so blieben doch Hills Verdienste dadurch ungeschmälert. Er war auf jeden Fall der Vollender der Ideen und setzte sie durch. Damit ging Hill als Reformer des Postwesens zu Recht in die Geschichte ein.

Die Queen legte den von ihren Fachleuten vorgelegten neuen Briefmarkenentwurf beiseite. Es blieb bei dem alten Motiv, dem Kopf einer jungen Thronfolgerin. Und so blieb das erste Briefmarkenmotiv der Welt auch das am längsten benutzte . . .

Stephan

Es war ein klarer Wintertag des Jahres 1886 in Hamburg. Am Elbufer, dort, wo der Fluß fast einen Kilometer breit ist, betrachteten zwei Herren in dunklen Gehröcken fasziniert ein grandioses Schauspiel. In der Abendsonne leuchteten Hunderte mit mächtigem Getöse herantreibende Eisschollen, flache Scheiben, kleine und große Klumpen, alle mit einem kleinen Rand von glitzernden Eiskristallen versehen, stießen sich hin und wieder in der starken Strömung, zwängten und wälzten sich. Sie sahen manchmal aus wie mächtige Kuchenteller.

„Es ist doch erstaunlich, daß fast alle Schollen — kleine und große, dicke und dünne — rund sind“, meinte der jüngere von den beiden, der Oberpostrat

Friedrich Maier. Er konnte sich von diesem Schauspiel gar nicht losreißen. Der ältere mit einem würdigen Bart war der Chef der Kaiserlichen Reichspost, Heinrich von Stephan. Der lachte den Jüngeren an und meinte: „Ja, lieber Freund, das ist ja das Herrliche, da haben Sie ein getreues Bild unseres Lebens; wie die Eisschollen sich lösen vom heimatlichen Riesengebirge als eckige, unregelmäßige und ungehobelte Wildlinge oder von ihm hartherzig hinausgestoßen werden in den Strom, in dem sie führungslos dahintreiben und sich durchsetzen mußten, bis sie als wohlgeformte, runde, glatte und zahme Gebilde hier an uns vorbeigleiten können. So treiben auch wir Menschen im Strom des Lebens dahin, das uns stößt und formt und von da ab, da wir den Mutterboden verlassen, bis dahin, wo wir müde und matt, wohlge-

rundet und abgeschliffen uns treiben und tragen lassen, bis wir aufgerieben sind und untergehen." Danach straffte sich Stephan: „Danken wir Gott, lieber Maier, daß wir immer noch einige Ecken und Kanten behalten haben, die uns zum Kämpfen befähigen und daß wir nicht zur Fabrik- und Dutzendware herabgesunken sind."

War dieser Naturphilosoph, dieser Schwärmer der gleiche Mann, der die Zügel des Postwesens fest in seinen Händen hielt, der es formte und der internationales Ansehen genoß wie kein zweiter in der Geschichte dieses wichtigen Zweiges des Verkehrswesens? Heinrich von Stephan hatte seinen Mitarbeiter Friedrich Maier, der in der Personalabteilung des Reichspostamtes in Berlin arbeitete, den er mochte und von dem er sich oft auf seinen zahlreichen Dienstreisen begleiten ließ, auf diese Reise von Hamburg nach Wittenberge mitgenommen. Den vorgesehenen Zug, in dem ein Abteil für Stephan reserviert war, hatte er abfahren lassen, um dem jüngeren Mann das Naturschauspiel an der Elbe zeigen zu können. Das war typisch für ihn. In seinen Lebenserinnerungen berichtet Friedrich Maier, wie Stephan seine Begleiter immer wieder an seinen Kenntnissen über Natur und Kunst teilhaben ließ.

Als die beiden Herren nun wieder im Bahnhof angekommen waren, rollte gerade ein längerer Güterzug mit Langholzwagen an ihnen vorbei; voll mit mächtigen Stämmen aus dem Riesengebirge. Da zog Heinrich von Stephan seinen Lodenhut: „Ich grüße euch, ihr Boten des ewigen Gebirges, ihr Brüder aus Gottes herrlichen Wäldern, die ihr den Kampf mit den Elementen siegreich bestanden habt und nur gefallen seid zum Segen der Menschen — gefallen auf dem Schlachtfeld der Kultur!"

„So", fand Friedrich Maier, „gab Stephan allem, was er sah und erlebte, Geist und Inhalt."

So sahen ihn seine engsten Mitarbeiter. Wer aber war dieser Heinrich von Stephan wirklich? War er der Visionär und große Gestalter des Postwesens, wie seine Anhänger behaupteten, oder der zu Unrecht bewunderte Pragmatiker, wie ihn seine Kritiker schilderten, dem Ideen zugeschrieben wurden, die oft von anderen kamen? Bis zum heutigen Tage stoßen die Beschäftigten bei der Deutschen Bundespost immer wieder auf den Namen Heinrich von Stephan, sei es beim Telefon, den Tarifordnungen, der internationalen Post, der Postkarte, der Post auf dem Lande. . . . Heinrich von Stephan war vieles: hochbegabt, ein Mann mit ungeheurem Wissen, ein fanatischer Arbeiter, der gerne feierte, ein strenger Chef und denen, die er mochte, ein gütiger Freund, ein Mann mit Geltungsbedürfnis und Lebensklugheit, fortschrittlich und altmodisch zugleich. Es ist wohl so, daß die Spannung des Widerspruchs erst die eindrucksvolle Persönlichkeit ausmacht.

„Dieser Heinrich von Stephan (1831 bis 1897) ist eine der sachlich wirkungsvollsten und menschlich anziehendsten Erscheinungen in dem deutschen öffentlichen Leben des 19. Jahrhunderts." So schrieb

Theodor Heuss über den pommerschen Schneidermeistersohn in seinem Buch „Deutsche Gestalten".

„Ein scharfer Aufpasser. Er war überhaupt nicht leicht zu nehmen, und so vertraulich und hinreißend liebenswürdig er sein konnte, nie durfte man vergessen, daß er der Vorgesetzte, der Jupiter war, dessen Zorn man zu fürchten hatte." So der gleiche Mitarbeiter, mit dem Stephan Arm in Arm am Elbufer gegangen war.

„Techniker und Staatsmann in einer Person: Das war es, was Heinrich von Stephan befähigte, der Reformator des modernen Verkehrswesens zu werden", schrieb Stephans Unterstaatssekretär Paul David Fischer in seinem Nachruf im Jahre 1897.

Der Abgeordnete der SPD, August Bebel, hatte dagegen 1893 im Reichstag geäußert: „Ich bin freilich der Meinung, daß alle die großen Reformen, die unleugbar im Laufe der Jahrzehnte von Seiten der Postverwaltung auf dem Gebiete des Postwesens in Deutschland eingeführt worden sind, wohl alle Anerkennung verdienen; aber wenn wir sie mal unter die Lupe nehmen, so ist nicht eine Maßregel darunter, die in dem einen oder anderen Land nicht bereits vorhanden war."

Otto von Bismarck, der als preußischer Ministerpräsident 1870 den noch recht jungen Postbeamten als Generalpostdirektor zum Leiter der Norddeutschen Bundespost gemacht hatte, schreibt dagegen in seinen Erinnerungen: „Ich bin seinen Eigenmächtigkeiten stets mit Wohlwollen entgegengetreten, welches die Achtung vor seiner eminenten Begabung mir einflößte, auch wenn sie meine Kompetenzen als Kanzler und stimmführender Vertreter Preußens einschnitten oder er durch seine Vorliebe für Prachtbauten die finanziellen Ergebnisse schädigte." 2000 Posthäuser ließ Stephan bauen, deren architektonische Wirksamkeit für Stephan Vorrang vor anderen Überlegungen hatte.

Es gibt auch Stimmen aus dem Kreis seiner Mitarbeiter, wie die des Postdirektors Eduard Hildebrandt, die an Stephan kein gutes Haar lassen wollten, wohl auch, weil dessen persönliche Karriere unter Stephan nicht wie gewünscht geglückt war. Er schrieb: „Es hat eine lange Zeit bedurft, den Begriff von seiner Größe einzuschränken. Stephans Erscheinung hob sich von seinen Zeitgenossen zu gewaltig ab, als daß er nicht die Bewunderung erregen und viele in den Bannkreis seiner Persönlichkeit hätte ziehen müssen. Aber die Wahrheit ringt sich durch, wenngleich Stephan als Meister der Reklame die Erkenntnis der Schwäche seiner Verwaltung lange und geschickt verhütet hat. Seine wirkliche Bedeutung fällt hauptsächlich in die Zeit vor seiner Ernennung zum Chef des Postwesens, und im Grunde genommen ist er ein wirklicher Leiter nie geworden. . . . er hat weniger eigene Ideen gefaßt und verwirklicht, als Aufgaben mit großem Geschick gelöst, die in der Zeit und in der Luft lagen."

Kaiser Wilhelm II. dagegen, der Stephan in dessen letzten Amtsjahren von 1888 bis 1897 erlebte, in denen er nach Bismarck eitel und nach Hildebrandt ineffektiv geworden war, war überaus beeindruckt von Stephans Persönlichkeit und Leistung und schrieb in seinen Erinnerungen: „Ich habe viel durch den Verkehr mit diesem anregenden und klugen Ratgeber gelernt. Von seiner eisernen Energie, nie erlahmenden Arbeitskraft und -freudigkeit, zugleich voll frischen Humors, mit raschem Blick für neue Möglichkeiten, um Auskunftsmittel nie verlegen, sehr auf den Gebieten für Politik und Technik beschlagen, war er wie geboren zur schöpferischen Arbeit. Das von ihm auf eine ungeahnte Höhe gebrachte Postwesen erregte die Bewunderung der ganzen Welt."

Stephan: Plagiator oder Visionär? Wer keine Feinde hat, ist wohl auch nicht wirklich groß.

Es scheint, als träfen die Worte von Theodor Heuss und Kaiser Wilhelm II., die ungetrübt oder unbeeinflußt von persönlichen Eitelkeiten, Machtbedürfnissen und Karriereproblemen gewesen sind, den Kern am besten.

Der Facettenreichtum, die Farbigkeit seines Charakters kennzeichnen erst recht die große Persönlichkeit, die er ganz gewiß war, und seine menschlichen, allzu menschlichen Eigenschaften machten ihn dazu noch liebenswert und erst recht verehrungswürdig.

Heinrich Stephan, 1831 im hinterpommerschen Stolp geboren, war „kleiner Leute" Sohn. Sein Vater war ein kinderreicher Schneidermeister und bescheidener Gastwirt und später Ratsherr seiner Stadt.

Weil Heinrich begabt war, durfte er die lateinische Schule seiner Vaterstadt besuchen, die ihn allerdings nicht zur Universitätsreife führen konnte und die er mit sechzehn Jahren abschloß.

Schon damals ehrgeizig, hatte er sich, obwohl körperlich nicht besonders stark, bald zum Vorturner seiner Klasse entwickelt. Im Februar 1848, wenige Monate nach dem Schulabschluß trat er als Schreiber in den preußischen Postdienst ein und wurde an den verschiedensten Stellen eingesetzt: in der Abfertigung, im Bahnpostwagen, am Schalter oder am Schreibpult der Bezirksverwaltung. An den Postschaltern von Stolp bis Marienburg, in den Posthäusern von Danzig bis Köln sowie in den Bahnpostwagen, die zwischen Verviers und Köln verkehrten, hat er den Postdienst von der Pike auf und an den unterschiedlichsten Stellen kennengelernt. Nebenbei lernte er Sprachen. Während seiner Schulzeit hatte er sich Französisch und Latein angeeignet. Nun kamen durch Privatstunden Englisch und Italienisch dazu, etwas später Spanisch und Ungarisch. Außerdem erwarb er Kenntnisse in Russisch und in den skandinavischen Sprachen, in späteren Phasen seines Lebens lernte er noch Portugiesisch.

In Danzig legte er 1850 die Prüfung zum Postassistenten ab. Damit stand ihm der Weg in die höhere Beamtenlaufbahn offen. Typisch für Stephan ist, daß er schon damals die Prüfungskommission durch sein Wissen verblüffte und in Verlegenheit brachte, weil er als Fremdsprachen, in denen er geprüft werden wollte, nicht das übliche Englisch und Französisch angab, sondern Italienisch und Spanisch, was keiner der Prüfungskommissionsmitglieder beherrschte.

Das Thema seiner Prüfungsarbeit war die Beantwortung der Frage, ob ein zentralisiertes oder ein dezentralisiertes Verwaltungssystem das Bessere sei. Dieses Thema war heikel, da in Preußen die Post gerade dezentralisiert worden war, aber noch keine Erfahrungen aus der Praxis darüber vorlagen, während man in Österreich die Post gerade zentralisiert hatte. Auf jeden Fall beeindruckte Stephans Arbeit die Prüfungskommission so sehr, daß er nicht nur mit Auszeichnung abschloß, sondern sogar eine Belobigung erhielt.

Sein Bildungshunger war groß. Neben den Sprachstudien befaßte er sich mit den antiken Schriftstellern, vor allem, um von ihnen Einzelheiten über das antike Verkehrswesen zu erfahren. Wie sehr übrigens Stephan die Dinge, mit denen er sich beschäftigt hatte, zu seinem geistigen Eigentum machte, beweist sein späteres Zusammentreffen mit dem Archäologen Professor Curtius. Er konnte nämlich für dessen Ausgrabungen in Olympia einen Hinweis zur Lage eines bestimmten Denkmals, das Curtius suchte, geben, der dazu führte, daß der Archäologe tatsächlich den Sockel fand. Stephan hatte ihm eine Stelle im Werk des antiken Reiseschriftstellers Pausanias genannt, die für Curtius aufschlußreich war.

Seit seiner Schulzeit beschäftigte sich der Schneidermeistersohn aus Stolp außerdem intensiv mit der Astronomie. Sein Wissen darüber war so umfassend, daß er 1869 bei der Einweihung des Suezkanals in einem Streitgespräch mit gelehrten Astronomen über bestimmte Sterne am südlichen Himmel Recht behielt.

Stephans schöpferische Talente waren neben seinem Wissensdurst — seine Kritiker sahen in letzterem auch sein Bedürfnis, sich zur Schau zu stellen — vielseitig und erstaunlich. Er spielte schon als Junge die Geige und komponierte ein Singspiel. Außerdem zeichnete und dichtete er — ganz im Stil seiner Zeit. Themen dazu bot ihm vor allem die Natur.

Eines von vielen Beispielen ist das Gedicht
„Aus der Rhön“

„Des Riesen Ymir Haar: Die Wälder klimmen
in stolzem Zuge Berg und Fels hinan;
sie widerhallen von der Sänger Stimmen,
es schreckt der Rehbock, balzt der Auerhahn.

Und treu folgt Dir als redender Begleiter
in Berghöh'n, Waldestiefen Klio's Buch:
Im Schatten dieser Eichen ruh'n die Streiter,
die hier der dreißigjähr'ge Krieg erschlug.

Wenn rot im Erdenschoß die Lava siedet,
Zyklopenschlag auf Felsenamboß hallt:
Der Berge Rippen werden dann geschmiedet,
und unterm Hammer hell klingt der Basalt.

Des Dreistelz Riesenkuppel überraget
die Dome, die im Kranze um ihn stehen,
barockes Felsgesims weit vorgekraget,
markieret das Gebild der Hohen Rhön."

Gedichtet hat Stephan bis ins hohe Alter, und die satirische Zeitung „Kladderadatsch" liebte es, ihn damit häufig und heftig zu hänseln.

Schon nach der Militärzeit schienen sich die Dinge für den jungen Postassistenten günstig zu entwikkeln. Er wurde in die preußische Hauptstadt in das Rechnungsbüro des Generalpostamtes Berlin versetzt. Aber diesmal stand sich der junge Aufsteiger noch selbst im Wege, was allerdings in diesem Falle für ihn sprach. Zunächst einmal war er seiner Dienststelle aufgefallen, weil er sich auch mit anderen Dingen als dem preußischen Postwesen zu befassen schien, zum Beispiel mit Literatur. Noch schwerer aber wog, daß

er sich weigerte, Spitzeldienste zu leisten. „Zum Spionieren lasse ich mich nicht gebrauchen“, hatte er erklärt. Auch später sollte sich Stephan in seiner Haltung treu bleiben. Zu den obersten Geboten, die nach seiner Meinung für die Post galten, gehörte die Wahrung des Briefgeheimnisses. Die Folge seiner Haltung: Der junge Postassistent wurde nach Köln versetzt.

Dieser „Umweg“ wurde für den jungen Mann zu einer entscheidenden Lebenszeit. Er arbeitete dort nicht nur in den verschiedensten Bereichen, sondern schaffte es noch über seinen Vierzehn-Stunden-Tag hinaus, sich mit ganz anderen Dingen zu beschäftigen. In Köln war der Umschlagplatz des Postverkehrs zu den westlichen Staaten und nach Übersee. Heinrich Stephan lernte hier die Unübersichtlichkeit und damit Reformbedürftigkeit des damaligen Postwesens und die Schwierigkeit, an Traditionen und eingefahrenen Gleisen etwas zu ändern, gründlich kennen. Gleichzeitig stürzte er sich mit Enthusiasmus in das geistige Leben von Köln und betätigte sich als Journalist. Er schrieb vor allem Theater- und Konzertkritiken. In Gesellschaften galt er als geistreicher und umfassend gebildeter Plauderer. In dem bunten Kreis, dem er sich zugesellt hatte, wußte kaum einer, daß er sich in seinem Alltag mit Schalterdienst, Fahrplänen und Terminberechnungen beschäftigte.

Dienstlich kamen ihm jedoch oftmals auch seine ungewöhnlichen Kenntnisse zugute, so auch damals, als bei der Oberpostdirektion ein Schreiben aus Madrid in spanischer Sprache einging, in dem nach einem bestimmten Postkurs gefragt wurde. Der Postrat, ratlos, übergab das Schreiben seinem jungen Mitarbeiter und war völlig perplex, als dieser ihm am folgenden Tag einen mehrseitigen Entwurf für das Antwortschreiben in spanischer Sprache vorlegte. Der Postrat übergab das Schriftstück dem Bezirkschef, da er Spanisch nicht verstand und es deshalb nicht gegenzeichnen konnte. Der Ober-Postdirektor war in ähnlicher Verlegenheit und nahm das Schriftstück mit zu einem Frühschoppen. Zu diesem Kreis gehörte glücklicherweise ein älterer Herr, der 30 Jahre zuvor an den spanischen Carlistenkriegen teilgenommen hatte. Der lobte das perfekte Spanisch des Postassistenten, und der Antwortbrief konnte bald darauf mit allen notwendigen Kennzeichnungen versehen nach Spanien abgehen.

Trotz dieser Fähigkeiten — oder war Neid mit im Spiel? — mokierten sich Vorgesetzte und Kollegen darüber, daß der junge Postbeamte häufig im Theater und in Künstlerkreisen gesehen wurde. Ein Vorgesetzter gab ihm sogar den „wohlgemeinten" Rat, sich lieber einen anderen Beruf zu suchen, da er bei der Post niemals Karriere machen könnte: „Gehen Sie lieber an die Kölnische Zeitung, da können Sie noch einmal reicher werden als der Oppenheimer!"

In dieser Zeit war jedoch bereits der damalige Generalpostdirektor Schmückert während einer Dienstreise auf den jungen Postassistenten Stephan aufmerksam geworden. Und als dieser im Januar 1855 mit 24 Jahren die höhere Postverwaltungsprüfung mit Auszeichnung bestand, machte Schmückert ihn zum Bezirksaufsichtsbeamten bei der Oberpostdirektion Frankfurt an der Oder. In dieser Zeit heiratete der junge Beamte die Opernsängerin Anna Tómala in Hannover. Ein Jahr später berief ihn Schmückert nach Berlin als „Geheimen expedierenden Sekretär". Schon im ersten Berliner Jahr fiel Stephan mit einem Verbesserungsvorschlag für die Paketpost auf. Sein Vorschlag lautete, die Tarife nicht nach der Länge der Transportstrecken zu berechnen — ein umständliches Verfahren —, sondern nach deren Luftlinie.

Von nun ab ging's bergauf. Die Karriere lief zügig und planmäßig weiter. Nachdem er 1858 nach Potsdam versetzt worden war, damit er bald darauf zum Postrat ernannt werden konnte, fand er hier die Zeit, sich wieder gründlich mit Geschichte zu beschäftigen, diesmal mit der Postgeschichte. 1859 erschien die auf einem umfangreichen Aktenstudium beruhende „Geschichte der preußischen Post von ihrem Ursprunge bis auf die Gegenwart", ein 800 Seiten umfassendes Standardwerk der Postgeschichte bis zum heutigen Tag und gleichzeitig eine Fundgrube für kulturgeschichtliche Quellennachweise. Der Nationalökonom Wilhelm Roscher lobte einige Jahre später den Verfasser und sein Werk: „. . . eine so vielseitige und gründliche Gelehrsamkeit, ein so klares Verständnis der Volkswirtschaft auch in ihren ethischen und rechtlichen Beziehungen, einen so weiten, für Vergangenheit und Zukunft gleich scharfen staatsmännischen Blick . . . verdient als Schriftsteller nicht weniger Beachtung als in seiner großartigen praktischen Wirksamkeit."

Die „Preußische Post" sollte nicht Stephans einziges Werk bleiben.

Doch zunächst erkannten und nutzten die Vorgesetzten das Sprachtalent und die diplomatischen Fähigkeiten des jungen Beamten; für Geschichtsstudien blieb nicht mehr viel Zeit. Stephan wurde nach Spanien und Portugal geschickt, um dort eine Neuordnung der Tarife zu erreichen. Der Erfolg dieser Verhandlungen führte dazu, daß er in ähnlicher Mission in die Niederlande, nach Belgien und 1864 auch nach Dänemark reisen sollte. Seine Fähigkeiten sprachen sich herum. Zwei Jahre später erhielt Heinrich Stephan von dem für das Postwesen zuständigen Handelsminister Graf Itzenplitz einen äußerst heiklen Auftrag, der aber für ihn sicher die entscheidende Voraussetzung für das Erreichen des Gipfels im deutschen Postwesen war:

1866 gewann Preußen den Krieg gegen Österreich um die Vorherrschaft in Deutschland. Hannover, Kurhessen, Nassau, Frankfurt am Main und Schleswig-Holstein kamen zu Preußen. Dieser Krieg brachte auch das Ende der Taxis-Post.

Stephan wurde nach Frankfurt geschickt, um die Thurn und Taxis-Postverwaltung in die preußische Postorganisation zu überführen. Er ging dabei so diplomatisch und geschickt vor, daß die Thurn und Taxis-Post innerhalb kürzester Zeit unter preußischer

Aufsicht ihre Arbeit wieder aufnehmen konnte. Alles war so schnell gegangen, daß Stephan kaum Zeit gehabt hatte, sich beim damaligen Generalpostdirektor Philipsborn detaillierte Weisungen zu holen. So handelte der inzwischen zum Geheimen Postrat avancierte Beamte weitgehend in eigener Verantwortung, was offenbar zu einer starken Abkühlung des Verhältnisses zwischen Chef und Untergebenem führte.

Das Ergebnis war jedenfalls die Abschaffung des Thurn und Taxis-Postwesens durch den Vertrag vom 28. Januar 1867. Seine Frankfurter Mission hatte Stephan gegenüber dem Residenten von Thurn und Taxis und dessen Mitarbeitern mit den eindrucksvollen Worten begonnen: „Einem jeden von uns erwächst die Pflicht, die Interessen, die wir vertreten, so zu wahren, wie es der Augenblick erfordert. Als Angehöriger eines Verkehrsinstituts, das dem allgemeinen Wohl dient, bin ich Handlungen abhold, bei denen die Gewalt zum Ziel führen soll. Deshalb möchte ich auch in dieser Stunde, wo ich namens der preußischen Regierung hier stehe, um die Leitung der fürstlichen Generaldirektion zu übernehmen, von der Gepflogenheit nicht abweichen, die meiner hohen Achtung vor Ihrer Person und der von Ihnen geleiteten ehrwürdigen Verkehrsanstalt entspringt. Und so hoffe ich, daß es uns gelingen werde, für das, was jetzt zu geschehen hat, eine Formel zu finden, die uns nicht nur die Gefühle gegenseitiger Achtung erhält, sondern auch keine Bitterkeit darüber aufkommen läßt, wie sich der nun einmal unvermeidliche Übergang vollziehen wird."

Das Echo auf diese Worte war entsprechend positiv. Und so konnte er die Erwartungen, die Graf Itzenplitz in ihn gesetzt hatte, voll erfüllen. In weitgehend eigener Verantwortung hat Stephan danach auch mit den thüringischen Staaten verhandelt, die ebenfalls in die preußische Post eintraten. Schwierigkeiten, die mit dem Großherzogtum Hessen-Darmstadt bestanden, dessen Regierung trotz anderslautender Bedingungen des Friedensvertrags mit Preußen bemüht war, eine eigene Post zu erhalten, überwand Stephan ebenfalls. Er sicherte damit der preußischen Post die Kontrolle der zentralen Postämter in Darmstadt, Mainz und Worms, die den Weg über Süddeutschland in die Schweiz und nach Italien öffneten und eine der wichtigsten Einnahmequellen der Taxis-Post gewesen waren.

Nach Berlin zurückgekehrt, beteiligte sich Stephan auch an dem Gesetzgebungswerk, durch das 1867 die Grundlagen für die Norddeutsche Bundespost und die spätere Kaiserliche Reichspost geschaffen wurden.

Seit dem 1. Januar 1868 arbeitete die Staatspostanstalt des Norddeutschen Bundes, die Norddeutsche Bundespost, die auf Stephans Betreiben in kurzer Zeit mit Baden, Bayern und Württemberg sowie mit Österreich-Ungarn Verträge über einheitliche Tarife abschloß. Der Generalpostdirektion unterstanden am 1. Januar 1868 35 Oberpostdirektionen, die Zahl der bisherigen preußischen Oberpostdirektionen hatte sich damit wesentlich vergrößert.

In diesen sechziger Jahren schien sich die Post vor allem durch die Aktivitäten des Oberpostrats Stephan (seit 1967) zu bewegen. Seine Arbeit für die Neuordnung des Postwesens wie auch seine guten Kontakte zum Ausland führten dazu, daß er zu der feierlichen Eröffnung des Suezkanals im Jahre 1869 eingeladen wurde. Diese Erfolge mußten das Mißtrauen seines Generalpostdirektors Philipsborn wekken, mit dem er sich ursprünglich recht gut verstanden hatte. Als Handelsminister Itzenplitz ab 1867 nicht mehr für das Postwesen zuständig war, sondern dieses direkt dem Kanzleramt des Norddeutschen Bundes zugeordnet wurde, kam es beim Besuch von Bundeskanzler Bismarck im Generalpostamt zu einem Eklat. Philipsborn hatte vorgehabt, eine Vorstellung Stephans zu vermeiden. Aber Bismarck kannte bereits die Rolle des Oberpostrats aus einer Sitzung des preußischen Staatsministeriums, als es um die Entschädigung für Thurn und Taxis ging. Er dankte Stephan für sein umsichtiges und politisch geschicktes Vorgehen sowie menschliches Handeln bei der Übernahme der Taxis-Post.

Philipsborn ging bald darauf in den Ruhestand und machte so den Weg für Stephan frei. 1870 schlug Bismarck dem preußischen König Stephan als Nachfolger mit den Worten vor: „Der im Dienstalter jüngste vortragende Rat, Geheimer Oberpostrat Stephan, vereinigt die für die Stelle des Generalpostdirektors erforderlichen Eigenschaften in solchem Grade, daß ich ihn mit Vertrauen in Vorschlag bringen kann."

Als erste Neuerung führte Stephan kurz nach seiner Ernennung am 25. Juni 1870 im norddeutschen Postgebiet die Postkarte ein, die damals „Correspondenzkarte“ hieß. Er hatte dies bereits 1865 vergebens versucht. Dieses Dienstangebot wurde damals als „unmoralisch“ abgelehnt, weil „jederman“ private Mitteilungen lesen konnte. So kam es, daß Österreich ihm 1869 mit der Einführung der Postkarte zuvor kam. Auch in Deutschland setzte sie sich dann sehr schnell durch.

Ins erste Amtsjahr Stephans fiel der Deutsch-Französische Krieg, 1870/71, und so konnte er gleich die Erfahrungen seiner kurzen Militärdienstzeit verwerten: Stephan organisierte die Feldpost „in noch niemals dagewesenem Umfange“, wie sein Abteilungsleiter Fischer schrieb. Über 1000 Postbeamte begleiteten das Heer nach Frankreich und richteten 90 Feldpostämter ein. Wie sehr ihm diese Verbindung der Soldaten zur Heimat am Herzen lag, zeigt eine Ansprache Stephans an seine Beamten: „Behandeln Sie jeden Feldpostbrief wie ein Kind, das Ihrer Sorgfalt anvertraut ist."

Später berichtete Stephan in einem Vortrag, wie die Feldpost „durch den täglichen Verkehr von Seele zu Seele das Band zwischen der Armee und dem Vaterlande . . . noch inniger geknüpft habe und wie bei Sedan gefangene Franzosen ihm erzählt hätten, daß sie seit dem Abrücken aus der Heimat keinen Brief erhalten hätten und daß dieser Mangel an Nachrichten von den Ihrigen zu der Niedergeschlagenheit und Apathie nicht wenig beigetragen habe."

Der liberale Abgeordnete Ludwig Bamberger lobte 1871 die Einrichtung der Feldpost im Reichstag: „Verdient irgendeiner der Geschäftszweige, die sich in diesem Krieg mit Ruhm bedeckt haben — und das will viel heißen — unsere Anerkennung, so ist es die Postbehörde, so ist es der Mann, der an der Spitze dieser Behörde steht, der unerreicht ist und vielleicht Unerreichbares geleistet hat in diesem Punkte."

Was den meisten gefiel, mißfiel Stephans Gönner, dem Kanzler Bismarck. Wie sehr Stephan immer seinen eigenen Weg ging ohne Rücksicht auf persönliche Nachteile und nach seinen eigenen Überzeugungen handelte, zeigte er in diesem Konflikt. Er reizte den Kanzler damit, daß er im Auftrag der Kronprinzessin die Beschaffung bestimmter Zeitungen für die Verwundeten zugelassen hatte, die Bismarck mißfielen. Obwohl es nach dem Pressegesetz von 1851 eine Zensur für die Presse gab, unterblieb diese bei der Feldpost, weil sie für Stephan eine Verletzung des Postgeheimnisses bedeutet hätte. Dabei wären nach dem Pressegesetz von der Post die gerichtlichen und polizeilichen Verbote und die Beschlagnahme von Druckschriften zu beachten gewesen. Die Folge war ein Zornesausbruch des Kanzlers, über den ein Beobachter in seinen Erinnerungen folgendes schrieb:

„Der Reichskanzler, welcher fast immer eine oder mehrere Personen zu Gast lud, hatte an dem fraglichen Tage den Generalpostdirektor Stephan zum Diner gebeten, der sich schon damals wegen seiner hervorragenden Leistungen in seinem Departement eines sehr rühmlichen Rufes erfreute. Er wurde als Ehrengast zur Rechten des Fürsten plaziert, der ihn mit ausgesuchter Zuvorkommenheit behandelte und sich während der Mahlzeit angelegentlich mit ihm unterhielt. Nach Abschluß der Mahlzeit waren die täglichen Hausgenossen, d. h. die anwesenden Räte, da kein anderes Verhandlungszimmer in der Nähe war, zum Teil aufgestanden, während Fürst Bismarck und der jetzige Staatssekretär Stephan sitzen blieben, und ich hatte mich, wie ich mich deutlich erinnere, an das Fenster gestellt. Wer beschreibt mein Erstaunen, als ich zu hören glaubte, daß der Fürst plötzlich anfing, in lauterem und offenbar gereizten Ton zu

sprechen. Ich glaubte im ersten Augenblick, ich müßte mich täuschen, da doch kaum anzunehmen war, daß der Fürst dem eigenen Gast, den er eben noch mit Zuvorkommenheit überschüttet, und jetzt noch vor Zeugen dazu unangenehme Dinge sagen könne. Beim ersten Blick auf den Fürsten, der, wie ich aus Erfahrung weiß, im Zorn blaß wird, war mir vollständig klar, um was es sich handelte, und daß der Generalpostmeister einfach wie ein Kanzlist ‚heruntergerissen' wurde. Unglücklicherweise für ihn kannte er den Fürsten damals noch nicht genug, um wie wir zu wissen, daß sich sein Zorn ins Unendliche steigert, wenn jemand, dem er einen Vorwurf macht, sich rechtfertigen, d. h. ihm nachweisen will, daß er unrecht hat. So war es auch in diesem Falle, und Stephan, dem der Fürst über seine Organisation der Feldpost Vorwürfe machte, mußte dies zu seinem Schaden erfahren, als er den sachlichen, aber hier gar nicht angebrachten Nachweis versuchte, daß er im Interesse der Sache das Beste gewollt und getan habe. Das Resultat war, daß der Fürst, der immer blasser wurde, seinem Schlachtopfer schließlich vorhielt, daß er seine Stellung verkenne und nicht zu verstehen scheine, daß er nichts als sein, des Fürsten Untergebener sei und sich jeder Eigenmächtigkeit zu enthalten habe."

Daß Stephan sich nicht beugte, ist anzunehmen. Er hat in der folgenden Zeit seinen Dienstbereich jedenfalls unbeeindruckt und eigenständig geführt. Bismarck hat sich immer an Stephan gerieben — vielleicht waren sich die beiden zu ähnlich in ihrem Charakter —, aber ihn immer gehalten.

Die Fakten sprechen gegen die Darstellung des Postdirektors Eduard Hildebrandt, der behauptet hatte, Stephan habe, bevor er Postchef wurde, seine fruchtbarsten Jahre gehabt. Sein späterer Unterstaatssekretär Fischer bezeichnete ihn als den „Reformator des modernen Verkehrswesens" und schilderte ihn als unternehmungslustig von großer „Schnell- und Spannkraft". Sein Wesen habe den Mitarbeitern Vertrauen und Entschlossenheit eingeflößt, so Fischer, denn „in den Dienst dieser Charakteranlagen stellten sich ganz ungewöhnliche Geistesgaben: Schnelligkeit der Auffassung, die divinatorisch den Kernpunkt der jeweils vorliegenden Frage sofort erkannte, und Schärfe des Urteils, die augenblicklich die der Sachlage entsprechende Maßregel zu treffen verstand, eine Weite des Blickes, die auch fernab liegende Folgerungen, das Für und Wider eines Schrittes voraussahen und eine durchdringende Menschenkenntnis. Dazu ein wahrhaft königliches Gedächtnis, welches das Reich der Ideen wie der Vorgänge des wirklichen Lebens mit gleicher Leichtigkeit aufnahm und mit unverrückbarer Treue festhielt." Die Liebenswürdigkeit und Heiterkeit seines Wesens und die unglaubliche Fülle seiner geistigen Hilfsquellen, die ihm zu Gebote standen, verliehen Stephan eine geradezu sprichwörtlich gewordene Unterhaltungsgabe.

So erlebte ihn auch Friedrich Maier aus Schwaben, als er sich 1876 in Berlin zum Dienstantritt vorstellen sollte: Der Generalpostmeister empfing stets morgens zwischen acht und zehn Uhr. Im Vorzimmer warteten ordensgeschmückte Herren im Frack, als Maier um acht Uhr die große Marmortreppe in der Leipziger Straße 15 emporstieg. Maier: „Allenthalben liefen auch Vortragende Räte durch unser Zimmer, um ihren täglichen Vortrag zu halten, wozu die Kanzleidiener schwere Aktenstöße herbeitrugen. Wir anderen mußten warten, bis sie abgefertigt waren." Maier war unter den letzten, die in das große, schöne, mit Büchern, Akten, Zeichnungen und Karten überfüllte Arbeitszimmer gerufen wurde. Stephan sprang lebhaft auf und kam Maier mit beiden ausgestreckten Händen entgegen: „Hier gut Württemberg alle Weg!" lachte Stephan und fuhr dann ernster fort: „Machen Sie Ihrem schönen Schwaben Ehre bei uns, ich habe Gutes von Ihnen gehört und freue mich, Sie in unserer Zentrale verwenden zu können; vieles wird Ihnen fremd vorkommen, aber Sie werden sich durchfinden, lassen Sie sich nicht verblüffen und bedenken Sie bei allem: Der Buchstabe tötet, aber der Geist macht lebendig, und er ist es allein, der sich den Körper baut! Haben Sie irgendwelche Anstände, dann kommen Sie zu mir. Wie sieht es in Ihrer Heimat aus? Was macht Hofacker?"

Ein angenehmer, aber sicher kein einfacher Chef. Bei der täglichen Arbeit gab es wenig, was Stephan entging. Unnachsichtig war er gegenüber unpräzisen und umständlichen Erklärungen. Die Sitzungen mit den leitenden Herren der Kaiserlichen Reichspost mußten bei der Fülle des Stoffes straff ablaufen. Stephan geriet leicht in gereizte Stimmung, wenn ihm Vorträge nicht zusagten oder diese zu langatmig gehalten wurden.

Wie sehr er gefürchtet wurde, aber auch, daß er immer für eine Überraschung gut war, beweist eine andere Geschichte. Friedrich Maier, der 1896 Leiter der Oberpostdirektion Liegnitz geworden war, hatte in Glogau einen Postdirektor Rokicki, der nicht besonders erfolgreich gewesen war und den Stephan „abhalftern" wollte, was Maier jedoch ablehnte. Bei einem Besuch bestellte Stephan den Postdirektor auf den Bahnhof in Glogau und bewirtete ihn dort. Als Rokicki einmal eine dienstliche Frage nicht beantworten konnte, sagte Stephan ungehalten: „Ich sehe wohl, Ihr Gedächtnis läßt nach, wie alt sind Sie eigentlich?" „Zwei Jahre jünger als Eure Exzellenz", erwiderte Rokicki prompt. Maier zuckte zusammen. Er befürchtete eine Explosion bei Stephan. Aber der sagte gelassen: „Wie alt ich bin, brauchen Sie mir nicht zu sagen, aber der eine altert eben früher als der andere, und nun überlegen Sie sich, zu welcher Sorte Sie gehören!" Als Stephan zusammen mit Maier wieder im Zug saß, lachte er und sagte: „Sie haben recht, lieber Maier, der Mann ist eigentlich noch nicht pensionsreif, denn er besitzt noch eine seltene Geistesgegenwart. Wissen Sie was, vertagen wir den Fall auf ein Jahr."

Nach den Sitzungen mit seinen leitenden Herren in Berlin bestellte er sich oft einen handverlesenen

Kreis seiner Mitarbeiter zum Frühschoppen. Bei dieser Gelegenheit kam der gesellige Stephan wieder zum Vorschein. Dann überraschte er seine Räte durch sein „riesenhaftes Gedächtnis und unendliches Wissen“.

Besonders anstrengend für die Mitarbeiter war Stephans Arbeitsstil und Arbeitspensum. „Unausgesetzt arbeitete er auch unterwegs“, erinnerte sich Friedrich Maier. Und selbst wenn er nachts bis nach Mitternacht zu einem Bankett aufgeblieben war, begann er schon um fünf Uhr früh mit der Arbeit und verlangte das Gleiche auch von seinen Mitarbeitern. Auf seinen sehr zahlreichen Dienstreisen arbeitete er genauso intensiv wie in Berlin. Im Familienkreise wurde einmal errechnet, daß Stephan von zehn Ehejahren fünf auf Dienstreisen zugebracht habe. Die Akten eilten dann zwischen seinem jeweiligen Aufenthaltsort und der Hauptstadt per express hin und her.

„Mich ließ er einmal in Hirschberg in Schlesien um halb fünf zu sich rufen“, so Friedrich Maier. „Und als ich kam, fand ich ihn in einer dicken Rauchwolke vor einer Flasche Cognac. Das angebotene Glas nahm ich zögernd an, aber für die Zigarre mußte ich danken, denn wir hatten bis nach zwölf Uhr bei schwerem Burgunder gesessen und mir brannte der Schädel. Zuerst war er ungehalten über die Ablehnung.“ Stephan wurde dann aber gleich mitleidig, als Oberpostrat Maier ihm seinen Zustand beschrieb. Das hinderte ihn jedoch nicht daran, ihm ein eiliges Schriftstück für den Reichstag mit einigen Änderungs- und Ergänzungswünschen mitzugeben.

Friedrich Maier lief zunächst einmal eine halbe Stunde durch die Morgenluft, um den Nebel in seinem Kopf zu vertreiben und erledigte dann seinen Auftrag so gut es ging. Zu dem um sieben Uhr angesetzten gemeinsamen Frühstück übergab er Stephan die erledigte Arbeit. In der Zwischenzeit hatte der Generalpostmeister nach seinen Dienstsachen ein gerade erschienenes Buch durchgeschmökert und empfahl es seinen Mitarbeitern zur Lektüre. Sein Geist konnte nicht ruhen. Zwei Bücher, die er als die besten erklärte, führte er ständig in seiner Rocktasche mit sich: eine Miniaturausgabe des Horaz und eine holländische Bibel.

Seine Begeisterungsfähigkeit ist sicher ein Geheimnis seines Erfolges gewesen. Als er im Oktober 1877 eines der ersten Bell-Telefone aus England bekommen hatte, eilte Stephan von Zimmer zu Zimmer, von Stockwerk zu Stockwerk, von Haus zu Haus, um an Sprechversuchen mit dieser Erfindung aus Amerika teilzunehmen und sich zu freuen, wenn diese immer besser gelangen. In den Fluren hielt er jeden Beamten, der ihm begegnete, in dieser Zeit an, um begeistert über diese Ereignisse zu sprechen.

Stephan ließ sich auch sogleich eine Telefonleitung in sein Büro legen und dort über die Leitung vorsingen oder vorgeigen. Dabei gab es lustige Zwischenfälle, weil ja die Mitarbeiter noch gar nicht gewohnt waren, die Stimme des Chefs zu hören, ohne daß dieser selbst körperlich anwesend war. Rechnungsrat Horn aus dem Baubüro zum Beispiel pflegte sich fast fortgesetzt zu verbeugen, wenn Stephan ihn anrief und mit ihm sprach. Einmal bat ihn Stephan, den Geheimen Rat Sachse ans Telefon zu bitten. Da warf Horn den Hörer sofort hin, verbeugte sich fortgesetzt gegenüber der Sprechmuschel und rief: „Zu Befehl, Exzellenz, sofort Exzellenz."

Als Chef streng und anstrengend, in der Freizeit unterhaltsam und ein „Kumpel". So liebte es Stephan, während seiner zahlreichen Dienstreisen einen ordentlichen Skat zu spielen. Und bevor er sich abends an seine Akten machte, pflegte er in erstklassigen Restaurants mit seiner Begleitung ausgiebig zu tafeln. Nicht nur dienstlich, auch privat profitierten seine Leute von seinem enormen Wissen. Für alle, die mit ihm fuhren, war Stephan der beste Reisemarschall, den man sich denken kann. An jedem Flecken Deutschlands kannte er die kunsthistorischen Sehenswürdigkeiten und Naturschönheiten. Oft trug er Friedrich Maier oder anderen Begleitern auf, in eine bestimmte alte Kirche zu gehen. Anschließend mußten sie ihm über den Eindruck berichten.

1862 war Stephans erste Frau gestorben. Es scheint, als habe er sich danach noch mehr in die Arbeit gestürzt, obwohl er doch schon ein Jahr später die Tochter des Oberpostdirektors Balde aus Potsdam heiratete und einen Sohn und eine Tochter bekam. Offensichtlich ließ er sich durch diese Ehe nicht in seiner Arbeitswut bremsen.

Einige seiner Reformen wurden schon genannt. Weitere kamen hinzu, wie die umfassende Reform des Landpostwesens, die den Unterschied zwischen Stadt und Land in der Postversorgung ausgleichen sollte. Die Zahl der Landbriefträger wurde verdoppelt, Poststellen wurden eingerichtet, die Telegraphie für die Landbevölkerung zugänglich gemacht. Weiter führte Stephan einen Einheitstarif für Pakete ein und änderte die Tarife für Telegramme. Statt der Entfernung wurde die Zahl der Wörter für den Preis der Telegramme entscheidend. Da nun jedes Wort bezahlt werden mußte, verschwand bald alles Überflüssige aus der telegraphischen Korrespondenz, und die durchschnittliche Länge der Telegramme ging von 18,3 Worten auf 13,4 Worte zurück. In Berlin führte er am 1. Dezember 1876 eine Rohrpost ein, die die prompte Beförderung von Eilbriefen und Telegrammbestellungen ohne zusätzlichen Personalaufwand ermöglichte. Für die Telegraphie gab er unterirdische Fernkabel in Auftrag und setzte durch, daß die von Privatgesellschaften verlegten Seekabel nach Helgoland, Norwegen und England vom Reich gekauft wurden. Große Freude machte ihm die Verlegung des Kabels nach Vigo, das Deutschland einen eigenen Seeweg für den Telegrammverkehr nach Spanien und darüber hinaus ermöglichte. Seiner Initiative waren auch die großen, vom Reich subventionierten Postdampferverbindungen mit Ostasien, Australien und der Ostküste von Afrika zu verdanken.

Stephans größte Tat aber bleibt die Gründung des Weltpostvereins im Jahre 1874, an der er entscheidenden Anteil hatte. Es kam zwischen den teilnehmenden Staaten zu einheitlichen Tarifen und zum Wegfall überflüssiger Abrechnungen. Der internationale Postaustausch vereinfachte sich erheblich. So wurde Stephan zum „Vater der Weltpostfamilie“. Die gleiche Stellung nahm er etwas später innerhalb der internationalen Telegraphie ein. Sein Rat wurde von vielen Seiten begehrt und seine Autorität zur Schlichtung von Streitfällen angerufen.

Richtig Urlaub machte Stephan nie. Dafür ging er während seiner Reisen in verschiedensten Revieren auf die Jagd, um in der Natur zu sein. Neider behaupteten, er habe so auf Betriebskosten Urlaub gemacht. Aber seine engeren Mitarbeiter wußten es besser. So berichtete Friedrich Maier, wie er als Präsident der Oberpostdirektion Liegnitz Stephan in seiner Direktion traf, weil dieser gerne in den dortigen Gebieten jagte: „Eine Reise machte ich mit Stephan, der übrigens seine Fahrten zur Jagd oder zur Erholung stets scharf trennte von den eigentlichen Dienstreisen und die erstere niemals der Reichskasse aufbürdete, nach Sagan, Grünberg, Sprottau und Glogau ...“

Auf dieser Reise zeigte sich Stephan übrigens wieder mit all seinen Fähigkeiten. Als er in Sprottau mit den Professoren des dortigen Gymnasiums am Abend beim Weine saß und über Literatur diskutierte, überraschte er die Akademiker mit seinen fundierten Kenntnissen in englischer, französischer und italienischer Literatur und allem darüber, was es auf diesem Gebiet an Neuerscheinungen gab. Am anderen Morgen trafen sie einen der Herren auf dem Bahnhof, und dieser gestand, daß sie sich alle „samt und sonders vor dem überlegenen Manne nur hätten gründlich schämen können".

Allgemeinwissen und postalisches Spezialwissen, beides eignete sich Stephan in einem Maße an, das seine Umgebung immer wieder zum Staunen brachte. Neben der Geschichte der preußischen Post schrieb er einen Aufsatz über die britische Postreform von Rowland Hill, 1858 einen „Leitfaden für die schriftlichen Arbeiten im Postwesen", Anfang der sechziger Jahre größere Aufsätze über das Post- und Telegraphenwesen. 1868 und 1869 veröffentlichte er glänzend geschriebene Arbeiten über das Verkehrswesen im Altertum und im Mittelalter, 1870 „Der Suezkanal und seine Eröffnung" und „Die Weltverkehrsstraßen zur Verbindung des Atlantischen und des Stillen Ozeans". 1872 erschien sein berühmt gewordenes Buch „Das heutige Ägypten" und 1874 der viel zitierte Vortrag über „Weltpost und Luftschiffahrt", bei dem sich Stephan eindeutig als Visionär erwies. Als Stephan diesen Vortrag vor dem Wissenschaftlichen Verein in Berlin 1874 hielt, saß unter den Zuhörern Graf Zeppelin. Dieser bekannte vierzig Jahre später vor der schiffbautechnischen Gesellschaft, daß ihn Stephans Worte angeregt hatten, seine Luftschiffe zu bauen. Stephans „Prophezeiungen" können einem geradezu unheimlich erscheinen. So kündigte er in dem Vortrag — 40 Jahre vor Beginn der Fliegerei — an: „Unsere Kinder werden nach jedem Teil der Erde reisen können ohne Belästigung von Dampf, Funken oder Seekrankheit und mit einer Schnelligkeit von 20 geographischen Meilen in der Stunde."

Und dann schlug Stephan für den Ballonflug die Fischform vor, um den Luftwiderstand herabzusetzen. Er sagte voraus, der Mensch würde für die Luftfahrt Elektrizität, Magnetismus, Wärme und Expansionsfähigkeit der Gase nutzbar machen. Er empfahl sogar den Rückstoß von Raketen, mit fester Kohlensäure gefüllt. Was er andeutete, ist heute Selbstverständlichkeit: Fischform, Propeller, Benzinmotor, Düsenmotor, Weltluftverkehr.

1885 wurde Heinrich Stephan in den Adelsstand erhoben. Trotz seines Bildungshungers, seines enormen Wissens auf den verschiedensten Gebieten, seiner großen Erfolge bei der Neugestaltung des Postwesens wurde Heinrich von Stephan nicht eingebildet. Er blieb ein unterhaltsamer Kumpan und ein rücksichtsvoller Freund, wie Maier sich erinnert: „Er beanspruchte viel von seinen Mitreisenden, liebte auch zuweilen scharf zu zechen und hatte es nicht gern, wenn einer den Enthaltsamen spielte." In sein reserviertes Abteil der 1. Klasse schaffte ein Diener „einen guten Mosel und den Klapptisch zum Spielen oder Arbeiten" herbei. Einmal stieg der Oberpostdirektor Maier auf dem Bahnhof Sagan zu, und er beschrieb das später: „Im Zuge fand ich Stephan und noch zwei Referenten aus dem Reichspostamt und sogleich wurde Mosel herbeigeholt und der unterbrochene Skat zu vieren fortgesetzt."

Die Ungeduld, die Mitarbeiter und Mitmenschen bei Stephan hervorriefen, die mit seiner Arbeitskraft, seiner Energie, nicht Schritt halten konnten, war wohl letztlich die Ursache für die Probleme, die er in den letzten Jahren seiner Amtsführung bekam. Es kam zu Differenzen zwischen ihm und dem Personal, vor allem auch, weil er wohl nicht mehr flexibel genug war, womöglich auch durch seine schwere Zuckerkrankheit, die Zeichen der Zeit richtig zu erfassen. Ein Mann, für den Arbeit Lebensinhalt war, konnte wohl auch Forderungen nach Arbeitszeitverkürzung, Urlaub, Abschaffung und Änderung des Disziplinarrechts nicht ernst nehmen.

Heinrich von Stephan war sehr stolz auf die Einnahmeüberschüsse der Post, die unter seiner Leitung erzielt wurden. Ein großer Teil der Überschüsse wurde durch Einsparungen ermöglicht. Das sei vor allem zu Lasten der Postbeamten gegangen, kritisierten seine Gegner im Reichstag. So einseitig läßt sich dieser Vorwurf wohl nicht halten. Unter Stephans Leitung wurde schließlich auch das Gesetz über die Fürsorge der Witwen und Waisen der Reichsbeamten verabschiedet. Er ließ die Spar- und Darlehensvereine und die Kleiderkasse der Post gründen. 1890 setzte Stephan eine allgemeine Gehaltserhöhung durch. Außerdem wurde den Beamten zu seiner Zeit erstmalig ein Urlaubsanspruch zugestanden. Allerdings durften dadurch keine Kosten für einen Stellvertreter entstehen. Diese Regelung führte, wie es August Bebel nannte, zu „barbarischen Auswüchsen". So beschäftigte der Fall des Briefträgers Busch vom Postamt 13 in Leipzig den Reichstag: Busch erhielt einen zweistündigen Urlaub zur Beerdigung seiner 15jährigen Tochter nur unter der Bedingung, daß er einen Ersatzmann stellte.

In den Debatten im Reichstag handelte es sich immer wieder um Besoldungs- und Laufbahnfragen, Dienstplangestaltung, Dienstleistung, aber vor allem auch um den Sonntagsdienst. Und das war ein Thema, für das Stephan in der Tat das Gespür fehlte. Dem Reichstagsabgeordneten Dr. Lingens unterstellte er bei der Beratung des Postetats 1878/1879, dieser stelle seinen Antrag, den Postbeamten an Sonntagen Zeit für den Kirchgang zu geben, nur, um eine gewisse Stimmung unter den Beamten zu erzeugen. Stephan ironisch: „Dessen bin ich doch fest überzeugt, daß der heutige Antragsteller das innere Bedürfnis fühlt, so zu verfahren, gewissermaßen getrieben vom Heiligen Geist." Eine nicht gerade geschmackvolle Bemerkung! In der gleichen Rede ging Stephan jedoch noch weiter: „Ich kann Ihnen auch versichern, daß da, wo die Sonntagsfeier am strengsten gehalten wird, wo die meisten Choralsänger durch die Straßen ziehen, Völlerei und Laster am Sonntag am stärksten sind."

Die Personalverbände der Kaiserlichen Reichspost waren für Stephan keine Gesprächspartner, und so kam es auch immer wieder zu Angriffen des Postassistentenverbandes gegen den sonst so angesehenen Dienstherren. Versuche, sich mit ihren Anliegen für die Verbesserung der Aufstiegschancen und besserer Bezahlung Gehör zu verschaffen, führten zu disziplinarischen Maßnahmen. Diese Haltung des „großen Stephans“, Versuche, die Anliegen und Interessen der Bediensteten zur Geltung zu bringen, wie Gesetzwidrigkeiten zu behandeln, kosteten ihn viel Sympathie. Ähnlich hart und uneinsichtig zeigte sich der „Reformator des Postwesens“ gegenüber der Frauenarbeit.

Der gesellige Chef der Reichspost, dem es immer wohl war in der Gesellschaft von heiteren gastfreundlichen Frauen seiner höheren Beamten, lehnte eine Beschäftigung von Frauen im Post- und Telegraphenwesen zunächst rundweg ab. Diejenigen, die schon vor seiner Zeit eingestellt worden waren, duldete er nur, weil die Kronprinzessin ihre Hand über sie hielt. 1872 erklärte er im Reichstag, er halte es für eine „bessere Versorgung“, „wenn recht viele deutsche Mädchen sich entschließen würden, unsern braven Postbeamten die Hand zu reichen, um dieselben durch den veredelnden Einfluß, welchen wahre Weiblichkeit und gemütliche Häuslichkeit auf jeden Mann, vollends in Deutschland immerdar ausüben werden, für die Erfüllung ihres schweren Berufes zu stärken“.

In diesem Falle wurde Stephan, der sonst so weitsichtige und kluge Organisator, der seiner Zeit in vielem weit voraus war, im Erkennen von neuen Möglichkeiten durch die Ereignisse eines Besseren belehrt. Als durch die sehr schnell wachsende Zahl der Telefonteilnehmer die männlichen Arbeitskräfte für die Vermittlung nicht mehr ausreichten, wurden — zunächst heimlich — zwischen 1886 und 1888 Versuche mit Frauen in den Oberpostdirektionen Königsberg, Stettin und Karlsruhe zugelassen. 1889 teilte Stephan seinen Beschluß mit über die „dauernde Verwendung weiblicher Personen im Stadtfernsprechdienst". Es hatte sich nämlich herausgestellt, daß Frauen sich für diese Tätigkeit sogar besser eigneten als Männer, weil ihre Stimmen heller und dadurch besser zu verstehen waren. Aber es gab noch einen weiteren, der Öffentlichkeit nicht mitgeteilten Grund: Frauen waren billiger. Stephan kündigte also an, daß bei weiterem Bedarf die „Heranziehung wohlerzogener gewandter Mädchen oder Witwen (kinderlos) im Alter von 18 bis 30 Jahren aus achtbaren Familien" beabsichtigt sei. Sie müßten ein „gebildetes Deutsch sprechen und schreiben". Dafür erhielten sie 2,35 Mark Tagegeld, jedoch keine Zulagen wie die männlichen Kollegen und sie waren jederzeit kündbar — also in dem Falle nicht ruhegehaltfähig. Außerdem wurden sie der Aufsicht „besonders geeigneter und erfahrener männlicher Beamter" unterstellt.

Die Zahl der Fernsprechgehilfinnen stieg bereits im Jahr 1890 von 548 auf 2536 und bis 1896 auf 6704 an. In den Oberpostdirektionen wurde diese Entwicklung vielfach kritisiert, auch wegen der notwendigen Einrichtung von Damentoiletten. Aber Stephan ließ sich nun nicht mehr beirren. Öffentlich begründete er seinen Sinneswandel mit „Geschicklichkeit“ und „Tonhöhe der weiblichen Stimmen“. Inoffiziell haben ihn aber sicher die geringeren Aufwendungen bewogen, hier eine Ausnahme zu machen. Es handelte sich um ungeschützte Arbeitsverhältnisse, für die keine Alters- und Invaliditätsversicherung gezahlt werden mußte. Für andere Tätigkeiten bei der Post wurden Frauen weiterhin nicht zugelassen. Nicht einmal für den Büro- und Kanzleidienst, und das zu einer Zeit, als die „Tippmamsell“ in der privaten Wirtschaft bereits von sich reden machte. Argumentiert wurde dabei natürlich immer wieder mit der nur begrenzten Eignung von Frauen. Für die Telefonistinnen galt darüber hinaus eine Art Zölibatsklausel. Denn nach einer Eheschließung löste sich das Arbeitsverhältnis auf. Diskriminiert und als billige Arbeitskraft ausgenutzt wurden Frauen also auch von dem in so vielen Bereichen fortschrittlichen Heinrich von Stephan.

Große Persönlichkeiten sind eben nicht in allem groß und Schwächen machen sie menschlich.

Bismarck — selbst auch nicht ohne Eitelkeit — warf Stephan Eitelkeit vor, andere seinen Sinn für öffentliche Auftritte. Das, was Stephan für die Post geleistet hat und von dem sie bis zum heutigen Tage zehrt, wird durch diese Kritik und durch manche menschliche, allzu menschliche Eigenschaft nicht geringer. In vielem war Stephan seiner Zeit voraus, in anderen Bereichen — vor allem in der Einstellung zum weiblichen Geschlecht — ein Kind seiner Zeit.

Wenige Wochen nach seinem Tod, 1897, trat in Washington der Weltpostkongreß zusammen. Stephans Sessel war mit einem Trauerflor umgeben, und in der Eröffnungsansprache wurde er als ein Mann bezeichnet, der „die Seele der Postwelt gewesen ist, der Bismarck der Post“.

Telegraphie

Gestatten Sie, meine Herrschaften, mein Name ist Billig. Ich bin Telegraphensekretär hier im kaiserlichen Haupttelegraphenamt in Berlin. Seine Exzellenz, der Generalpostmeister Stephan, haben mir den Auftrag erteilt, Ihnen heute, am 5. Oktober 1876, den Betrieb im Haupttelegraphenamt zu erläutern und Sie durch die Räumlichkeiten zu führen. Sie müssen dabei nur sorgfältig darauf achten, daß Sie den Betrieb nicht stören. Denn hier wird eine enorme und außerordentlich wichtige Arbeit geleistet.

Es ist doch noch gar nicht so lange her, da standen die Menschen nur durch Briefe in Verbindung. Wie lange ein Brief von New York nach Berlin brauchte, muß ich Ihnen nicht schildern . . .

Durch die Erfindung der elektrischen Telegraphie können Nachrichten erstmals auf körperlosem Wege um die Erde gehen. Die Welt ist dadurch enger zusammengerückt.

Es ist grandios, was hier entstanden ist. Sie werden es sehen! 440 Beamte und Gehilfinnen arbeiten hier in der Französischen Straße, und 15 000 Depeschen gehen hier täglich durch ihre Hände. Ja, bei uns arbeiten auch Frauen! Als, wie ich schon sagte, „Gehilfinnen". Darauf komme ich noch zu sprechen.

Zunächst einmal möchte ich Ihnen einige allgemeine Informationen mitteilen! Hier, werfen Sie bitte einen Blick auf die Karte der Telegraphenleitungen. Sie zeigt, daß das Haupttelegraphenamt in Berlin sowohl für den telegraphischen Verkehr innerhalb des Reichstelegraphengebietes als auch für den Durchgangsverkehr der Mittelpunkt ist. Von hier aus nehmen die Telegraphenverbindungen in dicken Strängen ihren Ausgang, um sich, je weiter entfernt, desto mehr zu verzweigen und das ganze Reich mit einem feinen Netz von Leitungen zu überziehen.

Sie meinen, die Maschen sind noch nicht überall eng genug? Bedenken Sie, meine Herren, daß wir noch am Anfang einer rasanten Entwicklung stehen. Seine Exzellenz, der Generalpostmeister, haben doch erst kürzlich die Umstellung des Reichstelegraphennetzes auf Erdkabel verfügt und erste große Kabelstrecken in Auftrag gegeben. Nächstes Jahr feiern wir deshalb ein großes Kabelfest in Kiel. Unser Chef,

Herr Stephan, hat die Telegraphie ja gerade erst übernommen und in dieser kurzen Zeit schon vieles sehr tatkräftig aufgegriffen.

Als dieses Haupttelegraphenamt als Zentralstation eingerichtet wurde, gingen von hier fünf Leitungen aus: je eine nach Hamburg, Stettin, Breslau, Frankfurt am Main und Aachen. Heute münden hier 177 Leitungen, davon sind 27 internationale Leitungen für den direkten Verkehr mit dem Ausland, 39 Leitungen verbinden Berlin mit den Großstädten Deutschlands, 25 dienen dem kleinen internen Verkehr, 45 Stadtleitungen verbinden das Haupttelegraphenamt mit den 25 Reichs- sowie den neun Eisenbahn-Telegraphenämtern Berlins. 19 Zuleitungen führen zur Börse und sieben Adern gehören zu dem unterirdischen Kabel nach Halle an der Saale, des ersten großen deutschen Erdkabels. Der Rest sind Leitungen für den Umkreis von Berlin.

Hier in diesem Gebäude haben sich früher auch noch die Geschäftsräume der Telegraphendirektion befunden. Durch den Zusammenschluß der Telegraphendirektion mit der Oberpostdirektion sind Räume für den Telegraphenbetrieb freigeworden, die wegen des gestiegenen Verkehrsaufkommens dringend für den Betrieb gebraucht werden.

Ich glaube, das war eine gute Entscheidung, die Telegraphie mit der Post zu vereinigen! Herr Stephan interessiert sich übrigens sehr für neue Techniken. Kaum hatte er als Generalpostmeister 1876 die Telegraphie mit übernommen, gab er schon bei der Firma Siemens & Halske die großen unterirdischen Kabelverbindungen in Auftrag.

Ach du meine Güte. Die Zeit läuft davon. Ich habe Ihnen ja noch gar nichts gezeigt. Also, wie schon gesagt, wir sind eigentlich froh, daß sich die Telegraphie mit der Post vereinigt hat. Dadurch wurden die Geschäftsräume der früheren Telegraphendirektion frei. Das hat sich der Generalmajor von Chauvin wohl nicht träumen lassen, als er dieses Haus hier in der Französischen Straße/Ecke Oberwallstraße 1863 bauen ließ, daß es schon wenige Jahre später nicht mehr ausreichen würde. 1856 gehörten der Telegraphenverwaltung 540 preußische Beamte an, 1872 waren es schon 5500 Beamte. Die Personalstärke hat sich also verzehnfacht! Damals wurden im Jahr 221000 Telegramme befördert und 1872 10 Millionen! Und inzwischen sind es schon wieder mehr geworden. Die genaue Zahl lasse ich Ihnen noch nachreichen ...

Also wir haben hier immer noch die größten Schwierigkeiten, alles Notwendige unterzubringen. Vor allem stört bei dem starken Verkehrswachstum, daß wir mehrere kleine, zum Teil ziemlich weit auseinanderliegende Räume als Apparatesäle nutzen müssen. Aber ein Um- und Erweiterungsbau ist bereits von Seiner Exzellenz beabsichtigt. Er hat den Geheimen Regierungs- und Baurat Kind vor kurzem nach London geschickt, um sich dort die vorbildlichen englischen Einrichtungen, vor allem die geräumigen Apparatesäle, anzuschauen.

Hier entlang! Nach rechts! Zur nächsten vom Eingang gelegenen Tür im Eckhaus Französische Straße! Dies hier ist die Depeschenannahme. Sie ist Tag und Nacht geöffnet und nie ohne Kundschaft. Irgend jemand hat — und das zu den ausgefallensten Zeiten — in Berlin immer ein dringendes Telegramm aufzugeben. Wozu die vielen Pulte? Sie werden sehen, gleich kommt die Hauptzeit im Publikumsverkehr. Da werden diese kaum ausreichen. Die meisten wollen hier schnell noch ihre Depesche schriftlich formulieren. Und erst die Schlangen an den fünf Schaltern! Jeder hat es am eiligsten. Alle Sprachen können Sie hier hören. Die Beamten, die hier ihren Dienst tun, müssen sich auf Fremdsprachen verstehen.

Täglich mehr als 1000 Telegramme werden hier im Schnitt übergeben. Das bringt 2500 Mark Einnahmen am Tag, im Mai waren es sogar 2900. Und die Zeitungen nicht zu vergessen. Sie gehören zu unseren besonders treuen und besonders eiligen Kunden. Sie wollen ja auch schließlich die neuesten Nachrichten morgens lesen und keine alten Hüte vorgesetzt bekommen. Den Zeitungen werden mehrere Leitungen für einen ganzen Tag überlassen.

Ins Ausland? Jedes fünfte Telegramm geht ins Ausland! Das macht viel Arbeit, denn dabei müssen wir komplizierte Abrechnungsverfahren beachten mit den Durchgangs- und den jeweiligen Empfängerländern. Nur zwischen uns und Österreich-Ungarn läuft es nicht so kompliziert. Jeder behält das, was er bei der Annahme kassiert.

Hier, im Zimmer daneben, werden die statistischen Aufzeichnungen gemacht und die Abrechnungen mit den Berliner Telegraphenämtern. Daran anschließend ist das Kassenzimmer. Und hier im selben Flügel des Erdgeschosses sind noch die Räume für die Ausfertigung und Abgabe der für Berlin bestimmten Depeschen für diejenigen Bürger, die in dem zum Hauptamt gehörenden Bestellbezirk wohnen. Da kommen täglich 960 Telegramme an. Sie werden von insgesamt 84 Boten zugestellt. Und wenn der Betrieb mal besonders hektisch ist, nehmen wir noch Eilboten von der Post dazu.

Ein interessantes Detail für Sie: Sie sehen hier eine pneumatische Rohrleitung. Im Keller steht eine Dampfkesselanlage, mit deren Hilfe Depeschen zwischen uns und einem unserer Ämter in der Börse — dort gibt es natürlich ein besonders hohes Verkehrsaufkommen — und den wichtigen Ämtern am Brandenburger Tor und am Potsdamer Tor befördert werden. Diese alte Rohrpost soll in Kürze durch eine moderne Luftdruckanlage ersetzt werden. Und dann werden hier noch wesentlich mehr als die derzeit 11000 Depeschen im Monat innerhalb von Berlin hin und her gejagt werden.

Wenn Sie mir jetzt bitte in den zweiten Stock folgen wollen, in den zur Französischen Straße gelegenen Flügel, in das Reich der Telegraphengehilfinnen. Das sind inzwischen immerhin hundert. Sie versehen ihren Dienst fast ausschließlich an den 34 Stadtleitungen und einigen kleineren anderen Leitungen sowie 15 Leitungen im Indo-Saal — den werde ich Ihnen noch zeigen — und im kleinen Hughes-Saal, von dort gehen die Verbindungen von Hughes-Apparaten nach Dresden, Leipzig, Stettin und Görlitz.

Seine Exzellenz waren zunächst gar nicht damit einverstanden, als er von den Gehilfinnen erfuhr. Er hält wohl nicht viel von arbeitenden Frauen. Er meint, sie seien zu schwatzhaft und könnten das Postgeheimnis nicht wahren.

Aber abschaffen konnte er die „weibliche Bedienung“ nicht mehr, weil die Tochter des Kaisers, die

„gute Luise“, ihre Hände über sie hält. Seit wann sie hier arbeiten? Ich werde es Ihnen erläutern. Im Oktober 1872 war Generalmajor Theodor Meydam, ein gelernter Ingenieuroffizier, Leiter der Reichstelegraphenverwaltung geworden. Im Krieg 70/71 war er „Chef der Militärtelegraphie im Großen Hauptquatier“, und König Wilhelm I. schrieb ihm eigenhändig nach dem Sieg bei Sedan den Text für seine historische Depesche ins Notizbuch: „Welch eine Wendung durch Gottes Fügung.“ Ja, der General stand in Allerhöchstem Ansehen, und er stellte auf Wunsch der Schwiegertochter des Kaisers, der Kronprinzessin Friedrich, bereits im Oktober 1873 die ersten sechzehn weiblichen Arbeitskräfte in die Reichstelegraphie ein. Wie es damals in einer Zeitungsnotiz hieß, kam der Chef der Reichstelegraphenverwaltung „diesen Bahnbrecherinnen als freundlicher Gönner mit großem Wohlwollen entgegen“. Er versprach der Kronprinzessin Friedrich, „väterlich“ für sie zu sorgen. Meydams Güte wurde übrigens oft gelobt. Und als er im Alter von 45 Jahren starb, trauerten hier viele um ihn.

Aber das Leben geht weiter, und heute hält die „gute Luise“ die Hand über die weiblichen Telegraphenbediensteten. Aber Seine Exzellenz hat inzwischen noch keine einzige dazu eingestellt.

Bitte, meine Herrschaften, wir gehen jetzt auf die andere Seite des Korridors. Hier befinden sich, im sogenannten Morse-Übungssaal, 30 Apparate älterer Konstruktion. An den Teil meiner Ausbildung, in diesem Saal, denke ich, sicher wie viele andere, noch mit einem gewissen Schrecken zurück. Monatelang übten wir hier mehrere Stunden am Tag das Morsealphabet, bis wir es raus hatten, die Tasten sowohl flott als auch fest zu handhaben und wir die Geheimnisse des Stromlaufs in den vielgestaltigen, anscheinend unentwirrbaren Linienknäuel entschlüsselt hatten. Viele der Postbeamten wurden in mehrmonatigen Kursen hier mit der Telegraphie vertraut gemacht.

Auf jeden Fall wird jedem im Morsesaal klar, wie es einmal angefangen hat mit der Telegraphie, seit der Münchner Professor Samuel Thomas von Soemmering 1809 erstmals einen elektrochemischen Telegraphen herstellte, indem er die Erkenntnis, daß sich Wasser durch elektrischen Strom zersetzt, genutzt hat. Aber für Soemmering wurde das kein bahnbrechender Erfolg. Der Nutzen für die Nachrichtenübermittlung wurde damals noch nicht erkannt.

Wissen Sie, was ein Telegraph ist? Können Sie ihn definieren? Nein! Na gut! Telegraph ist jede Vorrichtung, welche eine Nachrichtenbeförderung dadurch ermöglicht, daß der an einem Ort zum sinnlichen Ausdruck gebrachte Gedanke an einem entfernten Ort wahrnehmbar wieder erzeugt wird, ohne daß

der Transport eines Gegenstandes mit der Nachricht erfolgt. Das haben wir so gelernt.

In Frankreich entwickelte Claude Chappe mit seinen Brüdern mit auf Masten montierten Signalarmen die optische Telegraphie und führte sie 1792 der französischen Nationalversammlung vor. Zwei Jahre später wurden bereits auf der Strecke Paris—Lille über 225 Kilometer Nachrichten auf diese Weise weitergegeben. Kaiser Napoleon I. erkannte den Wert dieser Erfindung sofort und richtete weitere Strecken ein.

So kam die Telegraphie zum Militär. In Preußen wurde 1833 eine Verbindung Berlin—Koblenz geschaffen. Im Endausbau verfügten diese Telegraphenverbindungen bei uns über 61 Stationen. Amtliche Depeschen — andere gab es noch nicht — wurden verschlüsselt weitergegeben und an der Endstelle wieder entschlüsselt. Bei guter Sicht — die Telegraphisten mußten mittels Fernrohren die unterschiedlichen Stellungen der Masten erkennen und entsprechende Signale an die nächste Station weitergeben — konnte eine Depesche von etwa 30 Worten in einer bis eineinhalb Stunden von Koblenz bis nach Berlin gelangen. Immerhin!

1833 gelang den Professoren Carl Friedrich Gauß und Wilhelm Weber die Übermittlung der ersten Zeichen mittels elektrischer Telegraphie über einen ein Kilometer langen doppelten Draht zwischen ihrem physikalischen Kabinett und der Sternwarte in Göttingen. Sie verständigten sich durch das Ausschlagen einer Magnetnadel. Auch hier mußte ein Code gefunden und beim Empfang der Nachricht entschlüsselt werden. Die erste telegraphische Nachricht lautete: „Michelmann!“ Michelmann war der Laboratoriumsdiener. Er wurde so zur historischen Figur.

Das Problem war damals der Code, und da brachte der Maler Samuel Finley Morse 1840 mit seinem Morsealphabet — Punkte und Striche — die Lösung.

Noch einfacher wurde es durch die Erfindung eines Zeigers, der sich durch die elektrischen Stromstöße der Telegraphie bewegte und jeweils auf die Buchstaben zeigte, mit denen man die gemeinten Worte zusammensetzen konnte. Durch einen solchen, erstmals von Charles Wheatstone entwickelten Zeigertelegraphen, gelang es 1845 der Eisenbahngesellschaft in England, einen in London eingestiegenen Mörder beim Verlassen des Zuges in Salthill zu fassen. Der Steckbrief war über die Telegraphenleitung durchgegeben worden. Wegen der großen Einfachheit und Betriebssicherheit blieben aber die meisten beim Morsesystem.

Sie haben noch lange nicht alles gesehen! Neben dem Morseübungsraum liegt der kleine Hughes-Saal. Und dort sind wir auf der Höhe der technischen Entwicklung. 1855 hat der Engländer Edward Hughes den ersten Drucktelegraphen gebaut. Das Problem, wie die am Empfangsort angekommene Botschaft ohne Zeitverlust unmittelbar verstanden werden kann, hat er gelöst. Das Gerät zeichnet also in Klarschrift auf, und ein Dekodieren erübrigt sich. Der Drucktelegraph selektiert durch die Stromstöße und bringt die jeweils gewünschten Buchstaben zum Abdruck. Hier kommen die mit Hughes-Apparaten betriebenen Leitungen an.

Nebenan können Sie noch einen Blick in das Abrechnungsbüro werfen. Hier werden die über die internationalen Leitungen verarbeiteten Telegramme nachgewiesen und abgerechnet. Ein mühseliges, zeitraubendes Geschäft, kann ich Ihnen sagen. Die Beamten haben hier mit großen Schwierigkeiten zu tun, wie sie durch die Verstümmelung von Ortsnamen entstehen, oder durch die unterschiedliche Auffassung der Telegraphenverwaltung bei der Wortzählung.

So, nun gehen wir ein Stockwerk höher. Im dritten Stock sind unsere wichtigen Betriebsstellen. Zunächst der internationale und große Hughes-Saal. Er ist Mittelpunkt des ganzen Betriebs. Hören Sie das summende, knarrende Geräusch? Es kommt von den 19 Typendruckapparaten, die hier rechts am Eingang in zwei Reihen aufgestellt sind — wir brauchen übrigens dringend mehr davon!

Hier werde ich immer ganz philosophisch: Im großen Hughes-Saal wird doch so richtig klar, was die Erfindung der Telegraphie — also der elektrischen Nachrichtenübermittlung — für die Menschheit bedeutet. Wir können nicht nur mit den Nachbarn an unseren Grenzen Nachrichten austauschen, sondern nehmen Verbindung auf mit fast allen ausländischen Großstädten wie Paris, St. Petersburg, London, Brüssel, Mailand, Warschau, Riga oder Prag. Die deutschen Handelszentren Köln, Frankfurt am Main, Breslau, Hamburg, Bremen und Königsberg sind ebenfalls zu erreichen. Mittels weniger Griffe in die Tasten verständigt man sich mit den korrespondierenden Ämtern, Rede und Gegenrede kommen in Gedankenschnelle in gedruckten Worten zum Vorschein.

Also die neuen Hughes-Apparate haben sich hier glänzend bewährt. Die seit längerer Zeit hier beim Hauptamt angestellten Versuche haben gezeigt, daß mittels dieser Übertragung Ämter wie Halle an der Saale und Königsberg anstandslos auf derselben Übertragungsbatterie auch ohne Ausgleichung der bedeutenden Unterschiede des Leitungswiderstandes zusammen arbeiten können bzw. daß von hier aus gleichzeitig nach beiden Seiten gut gesprochen wird. Es sind sogar drei Leitungen mit verschiedenen Widerständen an denselben Apparat gelegt worden, und die drei Endämter haben ihre Korrespondenz unter sich und mit dem Hauptamt glatt abgewickelt. Jedenfalls werden die Versuche, mit den neuen Kabelleitungen zwischen dem Hauptamt und Halle an der Saale diese Hughes-Apparate zu betreiben, den gleichen Erfolg haben wie mit dem bisherigen Morsebetrieb.

Was mit dem Versuch Halle an der Saale gemeint ist? Ja, das muß ich noch erklären. Der Generalpostmeister hat angeordnet, längere Streckenverbindungen nicht mehr, wie bisher üblich, oberirdisch zu verlegen, sondern unterirdisch. Das geht heute mit Guttapercha-Kabeln. Das ist die Erfindung! Mit Guttapercha wurden ja auch die Unterseekabel nach England und sogar nach Amerika ermöglicht.

Also bisher wurden bei uns sogenannte „Freileitungen“, zunächst Eisendrähte, dann aus Kupfer oder Bronze, die mit Isolatoren an Stangen aufgehängt wurden, angebracht. Wir ließen sie zuerst an Eisenbahnstrecken entlanglaufen oder an Chausseen. Die erste derartige Telegraphenlinie wurde 1846 zwischen Berlin und Potsdam verlegt. Bereits drei Jahre später folgte die 653 Kilometer lange Strecke von Berlin nach Frankfurt am Main. Um sich bei längeren Streckenführungen den aufwendigen Bau von Masten zu ersparen, fanden unsere Ingenieure auch kuriose Notlösungen. So benutzten sie für die Strekke Köslin—Danzig z. B. 1858 Pyramidenpappeln als Leitungsträger, und in Österreich sollen als Stangenersatz sogar besondere Bäume gepflanzt worden sein.

Wer hätte gedacht, daß, nachdem 1848 die Telegraphie auch als Nachrichtenvermittlung Zivilpersonen zugänglich gemacht wurde, es zu diesem sprungartig anwachsenden Betrieb kommen würde? Da störte natürlich ziemlich bald der notwendig gewordene „Drahtverhau“ über den Dächern. Zudem sind aber auch Freileitungen sehr störanfällig, und so müssen bei längeren Streckenführungen immer wieder durch Zwischenübertragungen die Impulse erneuert werden.

Deshalb war Guttapercha, dieser eingetrocknete Milchsaft eines Baumes, der auf dem malayischen Archipel entdeckt wurde, die Lösung! 1843 hat der Arzt Doktor Wilhelm Montgomery aus Singapur in der Society of Art in London Proben vorgelegt. Der

Bruder unseres Werner Siemens, Carl Wilhelm Siemens, hörte von diesem Milchsaft, den die Eingeborenen in den Urwäldern von Borneo, Sumatra und Java gewinnen, indem sie halbmondartige Einschnitte in die Rinde der Bäume machen. Der herausfließende Saft, der bald zu einer Masse erstarrt, wurde von ihnen gesammelt und zu phantastischen Tieren geformt. Carl Wilhelm Siemens schickte seinem Bruder eine Guttaperchaprobe und dieser überzog, nach verschiedenen Verarbeitungsprozessen des Rohguttaperchas, damit Drahtproben. Tatsächlich stellte er eine gute Isolation der Leitungen fest.

Mit dem unterirdisch verlegten Guttaperchakabel will nun der Generalpostmeister die wichtigsten Städte in Deutschland verbinden. Halle ist der erste Versuch, der sich, wie gesagt, bislang glänzend bewährt hat.

Bevor ich Ihnen die internationale Telegraphie zeige, schauen Sie sich diese Tür an! Dahinter ist der Blitzableiter für sämtliche Leitungen. Schade, daß wir nicht gerade ein Gewitter haben! Dann würden Sie hier einen wunderbar schönen Anblick erleben. Die elektrischen Entladungen treten dabei massenhaft auf. An manchen Tagen werden bis zu zwölf Ableitungsröllchen zerschmolzen und ebenso viele Apparate dadurch vor der Zerstörung durch einen Blitz bewahrt. Mehrmals ist es schon geschehen, daß ein besonders heftiger Schlag die starke Glasscheibe um den Blitzableiter zertrümmert und Feuerstrahlen weit in den Saal geschleudert hat.

Von diesem Raum geht es in den General-Umschalter, von wo aus man die beiden Säle, den großen Hughes-Saal und den internationalen Saal, in den wir gleich kommen, übersehen kann. Das hier ist die Schule für den Aufsichtsbeamten: An diesen Umschalter, mit seinen 96 senkrechten und 36 waagrechten Schienen, also mit insgesamt 3456 Stöpsellöchern, tritt der junge Beamte nur mit Ehrfurcht heran. Ihn schrecken der heillose Wirrwarr und die Folgen, die ein einziger Fehler beim Einstöpseln verursachen könnte.

In Zeiten, wo als Folge von Naturereignissen irgendwo in der Welt umfangreiche Störungen bei Nachrichtenverbindungswegen auftreten, wie z. B. im März dieses Jahres, ist der große Umschalter die Operationsbasis des Ober-Aufsichtsbeamten. Von hier aus rettet er, was zu retten ist, indem er aus kleinen, unversehrt gebliebenen Leitungsstrecken möglichst viele zusammenhängende Leitungen nach den Hauptplätzen durch geschicktes Stöpseln kombiniert. Diese Arbeit setzt eine sehr gründliche Kenntnis des Leitungsnetzes voraus. Die Eingrenzung eines Fehlers muß dazu noch mit der größtmöglichen Schnelligkeit vor sich gehen. Die dazu notwendigen Meßinstrumente befinden sich dem großen Umschalter gegenüber, vor dem breiten Querfenster. Hier ist es hell genug, um die geringsten Schwankungen der Magnetnadel genau verfolgen zu können.

Wir betreten nun endlich den internationalen Morse-Saal, das zweite Herzstück des Hauses. Von hier aus gehen Leitungen nach Riga, Warschau, Malmö, Kopenhagen, Prag, Brest, Bayern, Württemberg, Italien und London über Borkum. Daneben gibt es noch eine größere Anzahl von Leitungen zweiter Klasse für den großen internen Verkehr.

Die Telegramme nach Nordamerika werden über London weitervermittelt. 1872 wurde ein deutsch-englisches vieradriges Guttapercha-Telegraphenkabel zwischen Greetsiel und Lowostoft in England in Betrieb genommen, das der „Vereinigten Telegraphengesellschaft“ gehört. Die Weiterleitung von Greetsiel nach Emden geschieht noch über vier oberirdische Leitungen. In zwei dieser Leitungen wird der deutsch-englische und in einer anderen Leitung der deutsch-amerikanische Verkehr abgewickelt. Die vierte Leitung ist für den Verkehr zwischen Wien und London vorgesehen. Um den deutsch-amerikanischen Verkehr richtig ausbauen zu können, brauchen wir aber ein eigenes Seekabel. Dann wären wir nicht mehr von den ausländischen Kabelgesellschaften abhängig. Seine Exzellenz haben das Seekabel ja schon sozusagen ins Auge gefaßt. Aber wissen Sie, was das kostet!

In England führt der Telegrammbeförderungsweg von Lowostoft oberirdisch quer durch das Land, sodann unterirdisch durch den Sankt-Georgs-Kanal und dann wieder oberirdisch durch Irland bis Valentia, wo der Anschluß an das atlantische Kabel der Englisch-Amerikanischen Telegraphen-Gesellschaft erreicht wird. Unser Verkehr mit Amerika wächst stark. 1873 waren es erst rund 2600 Depeschen, und heute sind wir schon bei 100000 im Jahr. Die Telegramme müssen alle in London umtelegraphiert werden, was eine große Zeitverzögerung bedeutet. Außerdem treten auf dem oberirdischen Landweg durch England häufig Störungen auf. Aber eine eigene Verbindung würde 25 Millionen Mark kosten, und das ist doch zuviel. Als Lösung bahnt sich jetzt an, ein eigenes Unterwasserkabel von Greetsiel bis Valentia in Irland zu verlegen, wo das Transatlantikkabel beginnt. Damit wäre viel gewonnen.

Das kostet alles viel Geld, aber diese Verbindungen werden stark gewünscht. Ich kann mich noch gut an die Begeisterung erinnern, als man 1851 nach der geglückten Kabellegung nach England und dem Festland — östlich von Dover, an der englischen Küste, und westlich von Calais, in Frankreich — gleich begann, ein Transatlantikkabel zu planen. Bei der eben genannten ersten Kabelverlegung handelte es sich noch um Wassertiefen von lediglich 60 Metern. Das Transatlantikkabel bedeutete zunächst, Erfahrungen mit sehr viel größeren Tiefen zu sammeln. Bei den ersten Versuchen mußte daher viel Lehrgeld gezahlt werden. Und zwar in Form von klingender Münze. Die Verluste zwangen manch einen der Gesellschafter der großen Kabelfirmen auszusteigen.

Der wohlhabende amerikanische Papierfabrikant Cyrus West Field, der sich durch seinen Reichtum schon in sehr jungen Jahren zur Ruhe setzen konnte, forderte für das Transatlantik-Projekt von Professor

Morse ein Gutachten an. Ob sich die Strecke zwischen Irland und Neufundland zur Verlegung eines Kabels eigne, wollte er wissen. Morse bezeichnete sie dann als „durchaus geeignet“, da es auf diesem „Telegraphenplateau“ keine Steilhänge und keine stark wechselnden Tiefen gäbe. Zwei Kabelgesellschaften wurden gegründet, an denen Field sich beteiligte. Zwei Schiffe sollten sich, mit den notwendigen Kabeln ausgerüstet, auf den Weg machen, die „Agamemnon“ von der britischen Seite und die „Niagara“ von der amerikanischen.

Am 6. August 1857 begann die Niagara mit dem Legen des Kabels. Ich will Ihnen hier nur die wichtigsten Etappen dieses Abenteuers aus einem Bericht über die Verlegung des transatlantischen Kabels zitieren: Am 7. August riß das Kabel zum ersten Mal. Es war aber an einer Leine gesichert und konnte so gerettet und wieder zusammengespleißt werden. Am 10. August stieg die Wassertiefe schnell auf 1000 Meter, wodurch der Bremsdruck von sieben auf fünfzehn Zentner gesteigert werden mußte. Mittags waren 225 Seemeilen Kabel verlegt, die See war hoch, der Wind zunehmend. Bei 3700 Meter Tiefe mußte der Bremsdruck auf zwanzig Zentner erhöht werden. Um Mitternacht war man bei dreißig Zentnern Bremsdruck, um Viertel vor vier in der Frühe – Chefingenieur Charles Bright hatte sich für kurze Zeit von der Maschine entfernt, während er das Bremsen sonst fast ununterbrochen selbst geregelt hatte – riß das Kabel 40 Meter unter dem Wasser,

AGAMEN

bei einer Tiefe von 3700 Meter. Aus der Traum! Die an Bord befindliche Kabelmenge reichte für eine neuerliche Verlegung nicht aus, die Schiffe traten die Heimreise an.

Cyrus Field begann sogleich mit einer neuen Kapitalsammlung für 7000 Seemeilen neue Guttaperchakabel. Diesmal sollte mit der Legung in Ozeanmitte begonnen werden. Am 10. Juni liefen die Schiffe in Plymouth aus. Im Atlantik gerieten sie in einen sieben Tage dauernden Sturm. Die „Agamemnon", die wegen des auf dem Vordeck gelagerten Kabels ziemlich kopflastig war, „holte ständig stark über und war kaum ordnungsgemäß zu manövrieren". Dadurch gerieten die oberen Kabellager ins Rutschen und in Verwirrung. Am 26. Juni trafen trotzdem alle Schiffe auf dem vereinbarten Treffpunkt ein. Nach Fertigung und Versenkung des Kabels setzten sich die Schiffe nach entgegengesetzten Richtungen in Bewegung. Schon nach drei Meilen verfing sich auf der nach Westen fahrenden „Niagara" das Kabel in der Auslegemaschine und riß. Die Schiffe kehrten zum Ausgangspunkt zurück und begannen von neuem. Nach 40 Seemeilen zeigte sich ein Fehler, der zur erneuten Umkehr zwang. Beim dritten Versuch waren 250 Seemeilen verlegt, als die Verständigung zwischen den beiden Schiffen über das ausgelegte Kabel abbrach. Auch dieser Versuch war fehlgeschlagen. Rückkehr nach Irland. Verlust: 300 Seemeilen Kabel.

Am 17. Juli erneutes Auslaufen von Queenstown mit jeweils 1100 Seemeilen Kabel pro Schiff. Dabei hatten die Amerikaner eigentlich ihre „Niagara“ gar nicht mehr auf die große Fahrt schicken wollen. Nur mühsam hatte der leitende Ingenieur Samuel Canning die Gesellschafter zur Zustimmung überreden können. Bei stürmischem Wetter trafen die Kabelschiffe mit ihren Begleitbooten am Treffplatz ein, die „Niagara“ am 23., die „Agamemnon“ am 28. Juli. Am folgenden Tag ging nach gefertigtem Spleiß das Kabel um ein Uhr mittags über Bord. Die „Niagara“ kam bei gutem Wetter — 822 Seemeilen bis zur Trinity-Bucht in Neufundland lagen vor ihr — zunächst gut voran. Ab 1. August wurden Wassertiefen bis zu 4500 Metern gelotet. Ab 3. August traf man wiederholt auf Eisberge. Als sie am 5. August frühmorgens doch wohlbehalten und erfolgreich bei Hearts Content in Neufundland ankerte, hatte sie 1017 Seemeilen Kabel ausgelegt.

Die „Agamemnon“, in Richtung Valentia gestartet, mit 813 Seemeilen vor sich, hatte weniger Glück. Am ersten Tag streifte ein Wal das auslaufende Kabel — zum Glück, ohne es zu beschädigen. Dann wurde an Bord vor Auslaufen des Kabels ein Fehler entdeckt, dessen schnelle Beseitigung viel Aufregung verursachte. Die weitere Fahrt, vom 18. bis zum 31. Juli, verlief bei andauernd hoher See und widrigen Winden, wobei das Kabel mehrfach in Gefahr geriet. Außerdem traten im Kabel immer wieder Fehler auf, die beseitigt werden mußten. Trotzdem erreichte die „Agamemnon“ die Bucht von Valentia am gleichen Tag wie die „Niagara“ Neufundland: Europa und

Amerika waren zum ersten Mal durch ein Kabel verbunden. Am 6. August 1858 wurden die ersten Zeichen zwischen den beiden Erdteilen ausgetauscht.

Maßlose Begeisterung beiderseits des Atlantiks. Die Aktien der Kabelgesellschaften stiegen ums Vierfache. Die Zeitungen in England überschlugen sich: Seit der Entdeckung Amerikas sei nichts vollbracht worden, das sich im geringsten mit dieser „ungeheueren Erweiterung des Spielraums menschlicher Tätigkeit“ vergleichen ließe. Die „Entfernung als ein Grund der Ungewißheit wird aus den Berechnungen des Staatsmannes und des Kaufmannes verschwinden“. „Wir werden Kunde von einem Kaffernkrieg und einer indischen Meuterei haben, bevor der erste Tropfen des dabei vergossenen Blutes erkaltet ist.“ Chefingenieur Charles Bright wurde von Königin Victoria geadelt.

In Amerika schwelgten die Zeitungen gar in Ausdrücken wie „seit Christi Geburt hat die Erde keine auch nur halb soviel Glück verheißende Mitteilung empfangen“. Für Cyrus Field gab die Stadt New York ein großes Festessen für 10000 Dollar mit Illumination und Riesenfeuerwerk. Telegrammwechsel zwischen Königin Victoria und James Buchanan, dem Präsidenten der Vereinigten Staaten. Und so ging es tagelang weiter. Unterdessen verschlechterte sich die Verständigung über die gefeierten Kabel ständig. Vor allem nach Amerika gelangten kaum noch lesbare Zeichen. Die schwachen Stellen des Kabels entwickelten sich offenbar durch den ungeheueren

Wasserdruck zu Isolationsfehlern. Am 16. August schien sich der Betrieb einigermaßen eingespielt zu haben. Die Botschaft der Königin wurde übermittelt. Aber am 21. August hieß es: „Die Verbindung ist augenblicklich nicht ganz in Ordnung. Der Präsident hat die Botschaft der Königin noch nicht erhalten." Am 22. August wurde die Antwort des Präsidenten in zwei Stunden übermittelt. Die am 1. September geplante Freigabe des Kabels für den Verkehr aber war nicht mehr möglich. Meldung am 6. September: „Alle verständlichen Mitteilungen haben aufgehört."

Abermals: aus der Traum! Allseitige Verstimmung, Verurteilung der Kabelaktion. Sieben Jahre dauerte es, bis sich die Welt von dieser Enttäuschung erholt hatte und es dem unermüdlichen Cyrus West Field gelang, die Geldmittel für ein neues Unternehmen zu beschaffen. Zum diesmal einzigen Kabelschiff wurde der 22500 Bruttoregistertonnen große Dampfer „Great Eastern" umgebaut. An Bord waren wieder der erfahrene Ingenieur Charles Bright von der „Agamemnon" und Samuel Canning von der „Niagara": Am 30. Juni 1866 lichtete die „Great Eastern" in London ihren Anker in Richtung Valentia. Sie startete dort am 7. Juli und landete diesmal das Kabel sicher, und zwar bereits am 27. Juli in Hearts Content in Neufundland.

Ich habe Ihren gespannten Mienen angesehen, daß Sie von dieser sehr verkürzten Schilderung des größten Abenteuers der Nachrichtenübermittlung gefesselt waren.

Leider müssen wir nun langsam zum Ende unserer langen Führung kommen. Hier, im internationalen Morse-Saal, befindet sich, dort hinten, der große Halbmond, ein „Fachwerk", in dessen zahlreichen Kästchen sämtliche Durchgangsdepeschen, nach Leitungen und Beilage numeriert geordnet, untergebracht werden, nachdem sie von dazu ausgebildeten Beamten auf ihre richtige Abtelegraphierung geprüft worden sind. Eine ganz schöne Arbeit, wenn man bedenkt, daß die tägliche Durchschnittszahl der bearbeiteten Depeschen inzwischen bei 15 000 liegt.

In diesem Stockwerk — im Quergebäude — besichtigen wir jetzt noch schnell den Indo-Saal. Neben dem Atlantikkabel ein weiterer Meilenstein in der Geschichte der Telegraphie. Hier sind nämlich neben fünfzehn nach Osten führenden Leitungen auch die beiden indischen Leitungen eingeführt.

England wollte eine Telegraphenverbindung zu seiner wichtigen Kolonie Indien haben. Seine Großmachtstellung erforderte verläßliche Nachrichtenmittel. 1868 traf ein Angebot der Gebrüder Siemens (Werner in Berlin, Carl Wilhelm in London) bei der britischen Regierung ein, das die Gründung einer Indo-Europäischen Telegraphenlinie vorschlug. Diese Großtat des Telegraphenwesens wurde vor allem durch den tatkräftigen Werner von Siemens möglich. Geplant wurde die Streckenführung London — Emden — Berlin — Thorn — Warschau — Odessa — Tiflis — Teheran und von dort der Anschluß an die englische Regierungslinie nach Bombay bis Kalkutta.

1866 begannen die Verhandlungen mit den Durchgangsländern. Rußland sperrte sich. Hier hat sich unser damaliger Telegraphendirektor von Chauvin sehr verdient gemacht. Die Indo-European Telegraph Co. wurde in London gegründet und die technische Leitung der Firma Siemens & Halske in Berlin übertragen. 4600 Kilometer oberirdische Leitungen zwischen Thorn (an der russischen Grenze) und Teheran wurden gelegt, 40000 zerlegbare Eisenmasten wurden dazu für holzarme Gegenden auf den Weg gebracht. 29000 Eichen- und Fichtenmasten wurden auf der übrigen Strecke gekauft. Krankheiten im Team, Kampf gegen Naturgewalten, Intrigen und Betrügereien der Orientalen machten der Bautruppe die Arbeit sehr schwer. Am 1. Februar 1870 war es soweit, die Verbindung London—Teheran über 6300 Kilometer stand, wenn auch erst noch provisorisch. Ein Telegramm nach Kalkutta dauerte nun nur noch 28 Minuten. Aber die Unterhaltung dieser Linie brachte große Probleme mit sich. Leitungskontrolleure zu Pferde mußten eingesetzt werden. Inzwischen hat sich die Leitung so bewährt, daß sie sicher noch viele Jahre in Betrieb sein wird. Sie ist eine Freude für jeden Telegraphenbeamten. Hier kommt ihm doch die Bedeutung seines Berufs so richtig zu Bewußtsein.

Ich bitte um Entschuldigung für diesen kleinen geschichtlichen Exkurs. Hier im Vorraum sehen Sie noch einen kleinen Teil der Batterien des Telegraphenhauptamtes, nämlich diejenigen, die die indischen Leitungen speisen. Letztere sind Siemens-Elemente. Sie liefern einen sehr konstanten Strom, sind aber höchst umständlich zu reinigen. Die übrigen Batterien sind in den Dachräumen über dem großen Hughes-Saal untergebracht. Diesen Weg will ich Ihnen jedoch jetzt ersparen. Daß diese bedeutenden Elektrizitätsquellen die sorgsamste Pflege beanspruchen, ist selbstverständlich. Batteriestörungen kommen dadurch sehr selten vor.

Im Vorübergehen noch einen schnellen Blick in die Werkstatt! Hier sind die Mechaniker mit der Wiederherstellung leicht beschädigter Apparate beschäftigt. Und hier schauen Sie noch schnell in den Depeschenboden, wo das ungeheuere Telegrammaterial des Hauptamtes lagert, bis es zu den Papiermühlen transportiert werden kann.

Ich bedanke mich für Ihre Aufmerksamkeit. Und wenn ich mit dieser Führung ein wenig zum Verständnis der wichtigen Arbeit, die hier im Dienste der Telegraphie zur Verständigung der Menschen geleistet wird, beitragen konnte, schätze ich mich sehr glücklich. Auf Wiedersehen, die Herren . . .!

Telefon

In der Dachkammer einer Bostoner Werkstatt brütete ein gutaussehender junger Mann vor sich hin. Er hatte Liebeskummer, fühlte sich mißverstanden. Er schrieb Briefe an seine Eltern, an Verwandte, Freunde und Gönner, um sie von seinen Ideen zu überzeugen. Er hatte gerade eine sensationelle Entdeckung gemacht, die die menschliche Kommunikation revolutionieren mußte. Aber niemand teilte seine Begeisterung.

Im Gegenteil, sein zukünftiger Schwiegervater, der Patentanwalt Gardiner Greene Hubbard, in dessen Auftrag er herausfinden sollte, wie sich mehrere Telegramme gleichzeitig über einpolige Fernleitungen übertragen ließen, wollte Alexander Graham Bell seine Tochter nicht mehr zur Frau geben. Bell verstand die Welt nicht mehr. Als er voller Begeisterung von seiner aufregenden Entdeckung berichtet hatte, kam Hubbards kühle Antwort, er möge sich an seinen Auftrag halten. Vom Sprechen über einen Draht halte er nichts.

Sein Freund Thomas A. Watson, der mit ihm gemeinsam in der Mai- und Junihitze des Jahres 1875 in Boston experimentiert hatte und dadurch Zeuge der Entdeckung geworden war, sagte über den 28jährigen Alexander Graham Bell: „Noch nie ist mir ein Mensch untergekommen, der so verliebt war wie Bell.“

Den ganzen August über verfaßte er, während es draußen regnete, umfangreiche Berichte über seine Experimente und schickte sie an Hubbard. Er war unglücklich und mit seinen Nerven völlig am Ende.

Im September wurde er ernstlich krank und mußte zu seinen Eltern zurückkehren. Als er spä-

1

2

3

ter als einflußreicher und vermögender Mann wieder einmal eine Ehrung über sich ergehen lassen mußte, sagte er mit Bitterkeit in der Stimme: „Wozu jetzt das? Was nützt mir die Ehre nun? Als ich ein junger Mann war, da hätte sie mir alles bedeutet."

Dabei hatte sich im Frühjahr 1875 alles so gut angelassen. Er sprach zwar, wenn er über seine Experimente redete, von der Telegraphie, der Möglichkeit, Zeichen auf elektrischem Wege zu übertragen, aber in Wirklichkeit ging es ihm um mehr. Er wollte die menschliche Stimme auf elektrischem Wege übertragen und so eine Verständigung zwischen Menschen über weite Strecken hin möglich machen. Er war geradezu besessen von dieser Idee. So schrieb er am 24. Mai 1875 aus Boston an seine Eltern: „Seit ich meine Berufsarbeit aufgegeben und mich ausschließlich der Telegraphie gewidmet habe, bin ich zunehmend gesünder und kräftiger geworden, so daß ich mich Gray oder sonst irgendwem gewachsen fühle." — Der Physiker Elisha Gray arbeitete in Chicago zur gleichen Zeit an dem gleichen Problem.

Bell berichtete seinen Eltern weiter: „Ich widme mich jede Minute dem Studium der Elektrizität und meinen Experimenten. Das Gebiet wird immer umfangreicher. Ich glaube, daß die Lösung des Problems einer Übertragung der menschlichen Stimme weitaus näher bevorsteht, als ich angenommen hatte . . . Wahrhaftig, je mehr ich mich mit dem Studium der Elektrizität und des Magnetismus befasse, desto mehr spüre ich, wie zutreffend der Ausspruch Hamlets ist: ‚Es gibt mehr Dinge im Himmel und auf Erden, als eine Schulweisheit sich träumen läßt.'"

Bell muß es damals geahnt haben. Die Lösung des Problems stand wirklich unmittelbar bevor. Eine Woche später hatte er die Lösung gefunden.

Bell, der von Geschäftsleuten in Boston unterstützt wurde, hatte zusammen mit dem Instrumentenmacher Thomas A. Watson ein Labor eingerichtet. Beide hatten unentwegt gebastelt und experimentiert. Da fiel am 2. Juni 1875 der Schleier von dem Geheimnis der elektrischen Übertragung der Sprache. Bells „harmonischer Telegraph" — das Experiment im Auftrag seines Schwiegervaters in spe — arbeitete an diesem Juninachmittag mit Signalen von verschiedener Tonhöhe. Das Empfangsgerät mußte auf das Sendegerät genau abgestimmt sein. Wich die Tonhöhe der Federungen des Empfängers von der des Transmitters ab, dann gerieten die Signale, auch wenn der Unterschied noch so gering war, in ein großes Durcheinander. Bell konnte diesen feinen Unterschied hören, und so stimmte er die Stahlfedern immer selber ab. Watson befand sich 18 Meter weiter in einer anderen Dachkammer und zupfte an der entsprechenden Feder des Transmitters. Bell drehte dann an der Stellschraube und stimmte eine Feder nach der anderen ab, als plötzlich eine von Watsons Federn zu vibrieren aufhörte. Er berührte sie mit den Fingern, um sie wieder in Schwingung zu bringen, aber vergebens. Watson zupfte weiter an der Feder. Da hörte er, wie Bell einen Schrei ausstieß und zu ihm in die Dachkammer gerannt kam. „Was haben Sie jetzt gemacht? Ändern Sie nichts! Lassen Sie mich sehen!“, rief er aufgeregt.

Was war geschehen? Der Zufall hatte eingegriffen: Die Kontaktspitzen der Transmitterfeder, die in Schwingung gesetzt werden sollte, hielten zusammen, so daß der Stromkreis, als Watson an der Feder zupfte, geschlossen blieb, indes der magnetische Stahlstreifen durch sein Vibrieren über dem Magnetpol das hervorrief, was Bell so großartig konzipiert hatte, nämlich einen elektrischen Strom, dessen Stärke haargenau so variierte wie die Dichte der Luft in Hörweite der Feder. Der so erzeugte Strom erreichte über die Verbindungsleitung einen Empfänger, der zum Glück so konstruiert war, daß er den Strom in ein schwaches Ebenbild des Geräusches verwandelte. Bell, der das Geräusch hörte, wußte, was es bedeutete. Er erkannte: Ein Mechanismus, der alle komplizierten Schwingungen des einen Geräusches übertragen konnte, würde das Gleiche auch mit jedem anderen Geräusch tun — also auch mit der menschlichen Stimme.

Der Schrei im Nachbarzimmer war also der Augenblick der Geburt des Sprechtelefons, wie es Watson bezeichnet hatte, gewesen.

Nun überprüften die beiden Forscher das Ergebnis dieses wunderbaren Zufalls, probierten immer wieder den Mechanismus mit allen Federn aus. Spät am Abend wußte Bell, wie sein erstes Telefon aussehen mußte und sagte Watson genau, wie er es bauen

x+y
A
B

sollte: Ein kleines Trommelfell aus Goldschlägerhaut war auf einen Empfänger zu montieren, das Zentrum des Trommelfells mit den freien Enden der Empfängerfeder zu verbinden und darüber ein Mundstück anzubringen.

Der junge Mann war so glücklich und aufgeregt über seine Entdeckung, daß er noch in der Nacht an seinen Schwiegervater schrieb: „Ich habe durch Zufall eine Entdeckung von allergrößter Bedeutung gemacht ..."

Nur schade, daß Hubbard die Tragweite dieses historischen Augenblicks nicht erkannte. Sein Unverständnis und seine Fixierung auf die Verbesserung des Telegraphen sollten die Auswertung dieser Entdeckung um fast ein Jahr hinauszögern und hätten Bell fast sein Patent gekostet. Aber Bell war bei all seinen Schwierigkeiten offenbar doch ein Glückskind: Er sollte zu den wenigen Erfindern gehören, die es schafften, noch zu Lebzeiten die Früchte ihrer Entdeckungen zu genießen.

Am nächsten Tag arbeiteten die beiden Forscher weiter an dem von Watson eilig fertiggestellten Apparat. War das Modell auch noch sehr einfach, so funktionierte es doch im Prinzip wie unser heutiges Telefon.

Da man bei den Telefonversuchen noch schreien mußte und so die Worte durch die Wände hören konnte, waren die nahe beieinander liegenden Dachkammern für ein verläßliches Experiment nicht geeignet. Watson legte daher eine Leitung über zwei

Treppen hinunter in seine Werkstatt — die erste Telefonleitung! Nach Feierabend waren Bell und Watson allein im Werkstattgebäude. Bell schrie und sang und konzentrierte die Schwingungen seiner geübten Stimme genau auf die kleine Membrane. Während er noch das Ohr an das Gerät preßte, um eine Antwort von Watson zu vernehmen, hörte er diesen plötzlich die Treppe heraufpoltern. Watson stürmte ins Zimmer: „Ich habe Sie gehört. Ich habe Ihre Stimme gehört! Fast konnte ich Sie verstehen!"

Bell hatte mehrere Jahre als Taubstummenlehrer gearbeitet, offenbar ließ sich seine Stimme sehr gut über diese erste Telefonleitung übertragen. Denn nachdem beide die Plätze getauscht hatten, konnte Bell Watson nicht so gut verstehen, wie dieser ihn gehört hatte. Watsons Angaben genügten ihm jedoch, um mehrere Varianten eines Telefonapparates zu entwerfen, die Watson anschließend anfertigte.

So ging es den ganzen Juni über. Bell schrieb Hubbard weiter begeisterte Briefe; schließlich fand zwischen beiden ein Gespräch statt. Bells Entdeckung hatte auf Hubbard keinen Eindruck gemacht. Vielmehr bestand er darauf, daß Bell weiter an der Verbesserung des Telegraphen arbeitete. Hubbard versprach sich viel von dieser Erfindung, die das Telegraphieren beschleunigen und verbessern sollte, denn die Telegraphie war damals in einer großen Expansion begriffen. Er schilderte aus seiner Sicht diese Zeit später so: „Im Laufe des Sommers und des Herbstes befaßte sich Bell, wie mir schien, weitaus mehr mit der elektrischen Übertragung der Sprache, als für mich pekuniär vorteilhaft war, weil ich damals an eine kommerzielle Verwertbarkeit dieser Erfindung nicht glaubte. Ich machte ihm wiederholte Vorhalte, weil er dieser Sache so viel Zeit opferte."

Ein Erfinder ist wohl immer seiner Zeit voraus. Er glaubt an „seine Sache", wenn andere sie für unmöglich halten. Obwohl er sich in seine Werkstatt in Boston zurückgezogen hatte, um ungestört am Bau des „harmonischen Telegraphen" zu arbeiten — verschiedene Töne sollten die gleichzeitige Übertragung mehrerer Telegramme ermöglichen —, war er gleichzeitig so fixiert auf die elektrische Übertragung der menschlichen Stimme, daß er seine Experimente immer weiter in diese Richtung ausdehnte. Das geschah zu einer Zeit, als Elektrotechniker noch fest davon überzeugt waren, daß ein „Sprechtelephon" eine Utopie bleiben mußte.

Die Skepsis, die Bell entgegengebracht wurde, bedeutete für ihn konkret, daß er sein Patent erst am 14. Februar 1876 anmelden konnte, genau zwei Stunden früher als Elisha Gray. In Grays Patentschrift hieß es: „Gegenstand meiner Erfindung ist, die Töne der menschlichen Stimme durch eine Telegraphenleitung zu übertragen und sie am Empfangsende der Leitung wiederzugeben, so daß eine tatsächliche Unterhaltung durch Personen geführt werden kann, die weit voneinander entfernt sind."

Bei Bell hatte das viel verschwommener geklungen. Er sprach in seiner Patentschrift von „einem

Verfahren“ und einem „Apparat für die Übermittlung von sprachlichen oder anderen Lauten auf telegraphischem Wege“. Obwohl also Elisha Gray viel besser die Funktionen seines Telefons beschrieben hatte, wurde ihm wegen des zwei Stunden früher angemeldeten Bellschen Anspruchs die Patenterteilung untersagt. Folge dieser Doppelanmeldung waren jahrelange Patentprozesse, aus denen Bell schließlich als Sieger hervorging. In diesen Prozessen ergab sich aber auch, daß Bell früher erfolgreich gewesen wäre, hätten Krankheit und Liebeskummer nicht seine Arbeit behindert. Bell sagte später in einem der Gerichtsverfahren aus: „Nach dem 1. Juli 1875 war ich infolge von Schwierigkeiten persönlicher Natur, zu denen es zwischen mir und der Familie des Herrn Hubbard gekommen war, sehr besorgt und beunruhigt. Ich lege keinen Wert darauf, mich über die Einzelheiten dieser Schwierigkeiten zu verbreiten, will aber nur soviel sagen, daß sie erst am 25. November aus der Welt geschafft wurden, als ich mich mit Herrn Hubbards Tochter verlobte.“

Kein Wunder, daß ihm diese Schwierigkeiten so zu schaffen machten: sie brachten Bells gesamten Lebensplan durcheinander. Schließlich hatte er — sehr zum Mißfallen seiner Eltern — wegen seiner Erfindung und wegen seines Auftrages die Arbeit als Taubstummenlehrer aufgegeben. Bells Vater, Alexander Melville Bell, Professor der Vokalphysiologie, war nicht ganz unschuldig am Forscherehrgeiz seines

Sohnes. Er übte seine Professur zunächst in Edinburgh/Schottland, wo „Aleck“ 1847 geboren worden war, später in London und in Kanada aus.

Professor Bell bemühte sich stets, seinen Unterricht so plastisch wie möglich zu machen und regte daher seine drei Söhne an, für ihn „Sprechmaschinen“ zu konstruieren. Die beste Maschine sollte einen Preis von ihm bekommen; Sohn Alexander gewann diesen Preis.

Später, als Lehrer der „Beredsamkeit“ an verschiedenen englischen Schulen, beschäftigte sich Alexander Graham Bell in seiner Freizeit mit Physik und Akustik. Durch diese Arbeit und Gespräche mit Wissenschaftlern wurde er auch mit dem Erfinder mehrerer Telegraphengeräte, Charles Wheatstone, bekannt. Ein anderer Kontakt lenkte ihn auf die Arbeiten über Tonempfindungen des deutschen Physikers Hermann Helmholtz. Diese Arbeiten in Verbindung mit den Ergebnissen seiner Versuche, etwa mit der Übertragung von Schallwellen, brachten A. G. Bell schon früh zu der Erkenntnis, daß diese nach der elektrischen Umwandlung wahrscheinlich auf induktivem Weg und nicht durch Stromunterbrechungen zu erreichen sein würden.

Der junge Mann hatte sich ein großes Wissen auf dem Gebiet der Elektrotechnik angeeignet. Es ist nie ganz geklärt worden, wie weit sich Bell auf die Arbeiten und Erkenntnisse des Deutschen Philipp Reis stützen konnte, der Jahre zuvor an der Entwicklung eines Telefons gearbeitet hatte. Obwohl er sich in

Vorträgen immer auf „seine Vorerfinder" berief — er hatte davon immerhin eine Liste von 20 zusammengestellt —, hat er nie klar darüber Aufschluß gegeben, welche Rolle die Arbeiten von Philipp Reis tatsächlich gespielt hatten. In einem der Prozesse um das Bell-Patent — an die 600 sollen es gewesen sein —, hatte Bell einerseits zwar ausgesagt, daß er seiner Erinnerung nach im November 1874 durch einen Professor Charles Robert Cross „von dem Reis-Telephon zu hören und sehen bekommen" habe. Andererseits hatte er aber auch den von dem amerikanischen Gesetz vorgeschriebenen „Erfindereid" geleistet und damit bezeugt, daß er der erste Erfinder der Entdeckung zu sein glaubte, die „Sprache mit Hilfe elektrischer Wellenströme zu übertragen". Wie weit er also über die Entdeckung von Reis im Detail Bescheid wußte, bleibt im Dunklen. So hat er sich nie dazu geäußert, ob er die Vorträge von Reis erst nach der Patentierung seines Telefons zu Gesicht bekommen hatte oder schon vorher.

Philipp Reis wurde 1834 in Gelnhausen als Sohn eines Bäckermeisters geboren. Seine Lehrer erkannten bald seine außergewöhnliche Begabung und bemühten sich darum, daß Philipp auf die höhere Schule geschickt wurde. Nachdem seine Eltern früh gestorben waren, sorgten ein Vormund und seine Großmutter dafür, daß Philipp ins Garniersche Institut in Friedrichsdorf bei Bad Homburg aufgenommen wurde. Dort sollte er später auch als Lehrer arbeiten.

Bald zeigten sich die sprachlichen und naturwissenschaftlichen Begabungen des Schülers Philipp Reis. Trotzdem bestand sein Vormund darauf, daß er Kaufmann wurde. Während seiner Lehrzeit nahm Philipp Reis in seiner Freizeit Privatunterricht in Physik und Mathematik. 1854/55 bereitete er sich auf den Lehrerberuf vor; 1858 bot ihm sein ehemaliger Lehrer, Studienrat Garnier, eine Stelle in seinem Institut an.

Neben seiner Lehrtätigkeit widmete sich Reis physikalischen Experimenten. 1860 gelang es ihm nach langwierigen Versuchen, „Töne aller Art durch den Strom in beliebiger Entfernung zu reproduzieren". Er nannte diese Erfindung „Telephon" und führte sie 1861 zum ersten Mal vor dem Forum des physikalischen Vereins in Frankfurt am Main vor. Sein Telefon wurde damals relativ schnell durch Vorträge und Vorführungen auch im Ausland bekannt. Es wurde zu Studienzwecken in alle Himmelsrichtungen verschickt, unter anderem an die physikalischen Laboratorien in München, Erlangen, Wiesbaden, Köln, Wien, London, Dublin, Manchester und sogar nach Tiflis im Kaukasus.

Aber niemand erkannte die große Bedeutung dieser Erfindung für die menschliche Kommunikation; sie wurde als „physikalisches Spielzeug" abgetan. Philipp Reis war zu früh gekommen! Die Nichtanerkennung seiner bahnbrechenden Entdeckung verbitterte ihn sehr. Bereits 1874 starb Reis an Lungentuberkulose. 1873 hatte er zu seinem Schullehrer,

Herrn Garnier, den prophetischen Satz gesagt: „Ich habe der Welt den Weg zu einer großen Erfindung gezeigt, die Entwicklung jedoch muß anderen überlassen bleiben."

Und so geschah es: Im Februar 1876 meldete Alexander Graham Bell sein Patent an, danach ging es Schlag auf Schlag. Noch im gleichen Jahr fand sein Gerät auf der Weltausstellung in Philadelphia große Beachtung. Das erste Ferngespräch der Welt wurde mit Hilfe der Bellschen Apparate am 9. Oktober des gleichen Jahres über die zwei Meilen lange Telegraphenstrecke Boston—Cambridge (USA) geführt.

Thomas Edison verbesserte das Bell-Telefon durch einen neuen Geber, ein Kohlekörner-Mikrophon. 1877 wurde das komplette Telefon von Alexander Graham Bell der Öffentlichkeit vorgestellt. Im Mai des gleichen Jahres benutzte der erste Kunde das Bell-Telefon. Am 9. Juli wurde schließlich die heute noch bestehende Bell-Telephone-Company gegründet.

Die Aktienwerte dieser Gesellschaft stiegen in acht Monaten um 2000 Prozent! Kein Wunder, denn die Ereignisse überschlugen sich. Im Oktober 1877 veröffentlichte die Zeitschrift „Scientific American", New York, ausführliche Einzelheiten über das Bell-Telefon. Mitte Oktober erhielt der Generalpostmeister der Kaiserlichen Reichspost, Heinrich Stephan, ein Exemplar dieser Zeitschrift. Stephan war nach einer glänzenden Karriere im Postdienst ein gutes Jahr Generalpostmeister. 1876 war die Reichstelegraphie mit der Reichspost zur Reichs-Post- und Telegraphenverwaltung vereinigt worden. Stephan führte als Leiter der Post seither den Titel Generalpostmeister. Engagiert wandte er sich dem Ausbau der Telegraphie zu. Er achtete darauf, daß auch die körperlose Nachrichtenübermittlung in der Zuständigkeit der Post blieb, während in anderen Ländern Post und Telegraphie beziehungsweise Telefonie getrennte Wege gingen.

Sofort nach der Lektüre des „Scientific American" schrieb Stephan an die „Western Union Telegraphengesellschaft" in New York und bat, ihm zwei Nachbildungen des Bell-Telefons zu schicken.

Aber schon wenige Tage später, am 24. Oktober, schenkte ihm Henry Fischer, der Leiter des Haupttelegraphenamtes London, bei einem Besuch in Berlin zwei Bell-Telefone. Noch am gleichen Tag ließ Stephan die ersten Versuche damit anstellen.

Zwei Tage später war Stephan im Büro des Generaltelegraphendirektors Budde, als gerade versucht wurde, von hier die erste Sprechverbindung zwischen dem Generaltelegraphenamt in der Berliner Französischen Straße und dem Generalpostamt in der Leipziger Straße herzustellen. Als Stephan die ersten über Telefon gesprochenen Worte gehört hatte, stellte er weitsichtig fest: „Meine Herren, diesen Tag müssen wir uns merken."

Es sollten allerdings noch einige Jahre vergehen, bis das Telefon den Bürgern als Kommunikationsmittel dienen konnte. Zwar hatte Stephan die Bedeutung dieser Erfindung wohl gleich erkannt, aber das öffentliche Interesse daran war zunächst noch sehr gering. So wurde das Bell-Telefon bei der Reichspost zunächst innerbetrieblich, zur Beschleunigung der Telegrammübermittlung genutzt.

Stephan ließ keine Zeit verstreichen, um die Entwicklung tatkräftig voranzutreiben:

- Nach den ersten Versuchen im Generaltelegraphenamt folgten am 30. Oktober Fernsprechversuche zwischen Berlin und dem sechs Kilometer entfernten Schöneberg, später zwischen Berlin und Potsdam (26 km) sowie zwischen Berlin und Brandenburg (61 km).
- Am 5. November wurde die erste Telefonverbindung (zwischen dem Amtszimmer des Generalpostmeisters und dem Büro des Generaltelegraphendirektors) eingerichtet.
- Am 9. November berichtete der Generalpostmeister an Reichskanzler von Bismarck.

- Am 12. November fanden Versuche in Varzin, dem Aufenthaltsort des Reichskanzlers, statt.
- Am 19. November ordnete Stephan die Einrichtung von Telegraphenbetriebsstellen mit Fernsprechbetrieb in 20 Orten an.
- Am 25. November wurden Versuche im kaiserlichen Palais in Berlin vor Kaiser Wilhelm I. gemacht.
- Am 28. November wurden bereits Fernsprecher in den praktischen Dienst der Verkehrsanstalten (Telegraphendienststellen mit Fernsprecher) einbezogen.

In diesem Tempo ging es weiter.

Stephan war offenbar dem Erfinder Alexander Graham Bell im phantasievollen Erkennen von neuen Möglichkeiten ebenbürtig und machte ähnliche Erfahrungen wie dieser: Er war seiner Zeit in diesem Punkt voraus.

Bell schrieb 1878 an die Electric Telephone Company einen Brief, in dem er für die Zukunft prognostizierte: „Man kann sich vorstellen, daß Telephonkabel unter der Erde verlegt oder in die Luft gespannt werden, die mit Privatwohnungen, Kontoren, Geschäften, Fabriken u.s.w. zusammenhängen und durch einen Hauptkanal an eine Zentrale angeschlossen sind, wo die Leitungen je nach Wunsch verbunden werden können, so daß ein direkter Verkehr zwischen zwei beliebigen Orten einer Stadt ermöglicht wird . . .“ Die an dieser Gesellschaft beteiligten Herren hielten diesen Brief zu der Zeit noch für utopisch, und das von Bell entdeckte System der

Telefonie wirkte eher „unterhaltsam und lehrreich" als „Epoche machend", wie es ein Journalist nach einer Bell-Vorführung formulierte.

Nach der Vereinigung von Post und Telegraphie 1876 entschloß sich Stephan, ein siebenadriges Guttapercha-Kabel verlegen zu lassen, das mehrere wirtschaftlich und strategisch wichtige Städte des Deutschen Reiches verbinden sollte. Mit der Ausführung der Arbeiten wurden die Firmen Felten & Guillaume sowie Siemens & Halske beauftragt. Der Abschluß der Arbeiten für dieses Telegraphennetz im zweiten Baujahr — Berlin war mit Halle, Mainz, Leipzig, Magdeburg, Hamburg und Kiel verbunden worden — sollte am 3. November 1877 in Kiel mit einem großen „Kabelfest" gefeiert werden. Die Firma Siemens & Halske nahm dieses Fest zum Anlaß, um im Beisein namhafter Gelehrter mit zwei Telefonen, die sie selbst einem aus Amerika bezogenen Bell-Telefon nachempfunden hatten, Fernsprechversuche vorzuführen. Wie weit man in diesen Kreisen bereits über die Zukunft des Telefons nachgedacht hatte, zeigt ein Gedicht, das auf diesem Fest zur Unterhaltung der Gäste vorgetragen wurde. Darin hieß es:

„Das Telephon ein Werkzeug ist,
bei dem man ganz und gar vergißt,
daß man sich einmal trennte,
von Menschen, die man kennte.

Man hört die Stimmen, jeden Laut,
es kann der Bräutigam der Braut

tagtäglich Liebe schwören,
sie kann die Worte hören.

Seit nun das Telephon erfunden,
ist alles das jetzt überwunden.
Man braucht nicht mal Elektrophor,
man hält das Ding nur an das Ohr.

Was Ladung, der Retardation,
das Telephon weiß nichts davon,
weiß nichts von Farad und von Weber,
es spricht nur weg so von der Leber.

Es spricht von Potsdam bis Berlin,
die kreuz und quer und her und hin.
Und bald, es wird sich zeigen,
muß Hughes und Morse schweigen.

Das Neuste auf dem neuen Feld,
hat jetzt erblickt das Licht der Welt,
seit man auch auf dem Telephon,
Versuche macht mit Translation.

Es spricht nun schon der biedere Brite,
nach China, nach dem Reich der Mitte,
und was er englisch sprach zuletzt,
das Telephon hat's übersetzt.

Aus ist's mit Hughes' Strich und Morseschrift,
und unser guter Doppelstift,
der tät soviel verheißen,
er muß in's alte Eisen.

Und das dynamische Relais,
das tut uns tief im Herzen weh,

wird auch trotz allem Klagen,
vom Telephon geschlagen.

Was nutzt dem Zetsche, daß er weiß,
ob's erste Telephon von Reis,
seitdem ein bessres an der Stell,
erfunden von Professor Bell.

Was will nur noch der Postillion?
Fahr ab, fahr zu, fahr hin, mein Sohn!
Wir haben unsren Lieben
den letzten Brief geschrieben.

So wird durch's Telephon die Welt
verdreht und auf den Kopf gestellt.
Und selbst im Telegraphenamt
ist man begeistert und entflammt."

Gut vorausgesehen, aber noch keinesweg Wirklichkeit!

Die Einführung des Telefons verlief in Deutschland und Amerika auf verschiedene Weise, aber ungefähr gleichzeitig. In Deutschland wurde das neue Kommunikationsmittel durch den Weitblick des Generalpostmeisters vom Staat übernommen. Aber bis überall in Deutschland telefoniert werden konnte, sollte noch viel Zeit vergehen.

In Amerika, wo das Telefon entstanden war, dauerte es zwei Monate länger als in Deutschland, bis es genutzt wurde, hier jedoch von Beginn an als eine jedem offenstehende Einrichtung. Es begann am 25. Januar 1878 mit der Eröffnung der Stadtfernsprechanstalt in

New Haven, Connecticut. Hier war nicht der Staat, sondern eine Privatgesellschaft Betriebsunternehmer. So wurde das Telefonieren gleich für die Bürger möglich, was übrigens auch Stephan von Anfang an gewollt hatte. Nur war das nicht so einfach. Wie sehr aber Stephan von der Zukunft des Telefons — das er bereits im November 1877 in „Fernsprecher" eindeutschte — überzeugt war, ist aus dem Briefwechsel von Werner von Siemens ersichtlich.

Die Einführung des Telefons in Deutschland ist mit der Leistung des Ingenieurs Werner von Siemens und seiner Firma untrennbar verbunden. Noch 1877 entwickelte er das Bell-Telefon weiter, verbesserte dessen Hörer durch einen Hufeisen-Dauermagneten und erzielte damit eine größere Lautstärke.

Werner von Siemens schrieb am 30. Oktober 1877 an seinen Bruder Karl in London:

„Wir sind hier jetzt in einem großen Telephontrubel! Stephan erhielt gleichzeitig mit den unsrigen ein Paar amerikanische durch den Engländer, welches leider besser geht als das von Euch gefertigte und auch besser als die unsrigen. Es sind kleine Konstruktionsdetails! Damit wurden neulich bei einem Diner bei Stephan Versuche gemacht, mit den unsrigen im Saal und den amerikanischen zwischen seinem Hause und der Hauptstation. Letzteres ging mit zwei unterirdischen Leitungen sehr gut. Darauf ist nach Potsdam, dann nach Brandenburg noch recht schön und deutlich gesprochen, gesungen worden u.s.w. Nach Magdeburg wollte es nicht mehr gehen. Faktum, daß man mit *unterirdischer Doppelleitung* noch auf 10 deutsche Meilen deutlich sprechen kann! Das ist allerdings sehr überraschend. Stephan ist ganz wild und seine Beamten auch. Wir arbeiten gleich tüchtig darauf los, da alle Welt welche haben will! Ich habe auch schon Verbesserungen in Arbeit, von denen ich mir viel verspreche. Es beginnt damit eine neue Ära für unterirdische Leitungen, und es wäre sehr gut, wenn Ihr der Konstruktion billiger (dünner) Leitungen Eure ganze Aufmerksamkeit zuwendetet. Übermorgen geht es mit Stephan und seiner Suite (worunter auch ein englischer Ingenieur des post office) nach Kiel, um Sprechversuche zwischen Kiel, Berlin und Frankfurt a. M. zu machen. Dann ein von uns gegebenes Diner in Bellevue von etwa 40 Gedecken. Oberpräsident und alle ersten Beamten! . . . Stephan hat vor, jedem Berliner Bürger womöglich ein Telephon zu jedem anderen zur Disposition zu stellen!"

Im November berichtete Siemens von dem Telefonboom in seiner Firma: „Die Telephone machen jetzt alle verdreht. Wir fertigen täglich schon 200 Paare an." Und am 7. Dezember: „Wir sind schon einmal auf 700 Telephone an einem Tag gekommen . . . und bisher ist es ein Tropfen auf den heißen Stein."

An Exzellenz von Lüders in St. Petersburg, den russischen Telegraphendirektor, schickte Siemens ein Telefon und schrieb dazu: „Hier hat der Herr Generalpostmeister die Sache mit gewaltigem Eifer aufgegriffen und bereits Telephonstationen eingerichtet!

Wir zeigten sie zuerst auf dem Kieler Eröffnungsfeste der Kiel-Frankfurter-Kabellinie, und ich erlaube mir, die von unserem Geschäftspoeten verfaßte Einführung des Telephons gleichfalls — nebst den anderen poetischen Ergüssen — der Sendung beizufügen. Gebrauchsanweisung ist nicht nötig. Man schaltet die beiden Drahtenden beliebig mittels der Klemmen ein und spricht los! Wer sprechen will, hält die Öffnung in die Nähe des Mundes und spricht langsam und deutlich, ohne zu schreien. Wer hören will, hält die Öffnung nahe ans Ohr. Anfangs hört oder versteht man gewöhnlich nichts, aber bei einiger Übung, bei ruhiger Umgebung versteht man jedes Wort. Durch zwei unterirdische Leitungen hat man noch sehr gut zwischen Berlin und Brandenburg — etwa neun deutsche Meilen — gesprochen. Weiter wollte es nicht gehen. Bei oberirdischen Leitungen finden viele Störungen durch Sprechen in anderen Leitungen statt. Ausgezeichnet bewähren sich die Dingerchen für Verbindungen von Bureaus und für Stadttelegraphie bei Anwendung unterirdischer Leitungen. Ich bin eifrig beschäftigt, das Telephon zu verbessern, namentlich deutlicher oder vielmehr lauter sprechender zu machen. Hier herrscht jetzt vollständiges Telephonfieber!"

Und seinem Bruder Wilhelm schrieb Werner von Siemens am 19. November, wenige Tage nach diesem Brief: „Der Telephonschwindel ist jetzt in Deutschland in voller Blüte, und ich kann sagen, ich werde die Geister, die wir berufen haben, nicht mehr los!

Heute sind ca. 100 Briefe, welche Lieferungen von Telephonen verlangen, eingegangen, und so geht es täglich. Dazu die Berliner, die unser Geschäft vollständig belagern und alle guten Freunde, — wenn auch nur ad hoc — welche es bei uns sehen und darüber schwatzen wollen! Es ist eine wahre Kalamität! Ich habe leider den Preis zu niedrig normiert, 5 M. das Stück. Wir verdienen dabei zwar noch 50 %, und ich wollte durch den billigen Preis die Dinger in der Hand behalten. Einen solchen Sturm hatte ich aber doch nicht voraus gesehen."

Obwohl Stephan schon am 2. Januar 1878 an das Polizeipräsidium in Berlin und den Berliner Magistrat schrieb und dort die Zustimmung erbat, daß er „an den Häusern Drahtleitungen" befestigen lassen durfte, dauerte es noch drei Jahre, bevor in Berlin die erste Fernsprechvermittlungsstelle in der Französischen Straße — mit nur acht Teilnehmern und dazu nur versuchsweise — in Betrieb genommen werden konnte.

Mitte Juni 1880 war in den Berliner Zeitungen folgende Notiz zu lesen gewesen:

„Fernsprechverbindungen für Berlin.

Um festzustellen, ob für Berlin ein Bedürfnis vorhanden ist, die Wohnungen, Geschäftsräume, Fabrikanlagen u.s.w. solcher Personen, die sich des Fernsprechers als Verkehrsmittel bedienen wollen, in entsprechende Verbindung zu bringen, und jedem Teilnehmer die Möglichkeit zu gewähren, sich zu jeder Zeit mit jedem anderen Teilnehmer mittels des Fernsprechers ins Vernehmen zu setzen, werden diejenigen Personen, die eine Einrichtung der vorstehend erörterten Art wünschen sollten, hierdurch aufgefordert, sich deshalb schriftlich oder während der Dienststunden von 9.00 Uhr vormittags bis 3.00 Uhr nachmittags persönlich an das Telegraphenbetriebsbüro des Reichs-Postamts, Französische Straße 33c, Zimmer 149, zu wenden, das die nähere Auskunft über die Einrichtung und über die Bedingungen der Teilnahme erteilen wird.

Der Staatssekretär des Reichs-Postamts."

Der Erfolg dieser Aktion blieb jedoch gering, und auch andere Werbemaßnahmen fruchteten nicht viel. Mutige Berliner oder Weitschauende gab es wenig.

Die amerikanischen Unternehmen waren sehr interessiert am deutschen Markt und fanden sich 1880 in Berlin ein, um hier und in anderen deutschen Städten Stadtfernsprechanlagen einzurichten. Stephan vertrat jedoch die Ansicht, daß es allein die Aufgabe der Telegraphenverwaltung sein sollte, solche Anlagen herzustellen. Außerdem stellte er fest, daß die Bevölkerung bisher dafür noch kein Interesse gezeigt habe.

Natürlich war auch Professor Bell selbst mit seiner Gesellschaft an dem Geschäft interessiert und ließ über den Geheimen Kommerzienrat Generalkonsul Gerson von Bleichröder im April 1880 bei Stephan anfragen, ob die Reichspostverwaltung bereit wäre, das Telefonsystem der International-Telephon & Co. zu erwerben. Wenn nicht, ob dann der Nutzbarmachung des Systems in Deutschland durch eine zu gründende Privatgesellschaft etwas im Wege stünde. Stephan hatte gegen beides etwas. Er wollte weder die Bell-Telefone noch eine Privatgesellschaft in Deutschland und betonte ausdrücklich, es sei verfassungswidrig, Privatanlagen dieser Art innerhalb des Reiches herzustellen. Die Fernsprechapparate wollte die Kaiserliche Reichspost zudem weiter von der Firma Siemens & Halske beziehen.

Bell hatte sich außerdem bemüht, sein Patent in Deutschland bestätigen zu lassen und wollte mit Siemens ins Geschäft kommen. Werner von Siemens schrieb seinem Bruder Karl dazu nach London: „Ich habe ... Zweifel ausgesprochen, ob er noch ein Patent auf die wesentlichen Punkte erhalten könnte, da die Sache schon vor seiner Eingabe meines Wissens bekannt gewesen sei."

Dann wandte sich Bell an die Firma Siemens & Halske und monierte, er habe gehört, dort würden seine Telefone fabriziert und verkauft. Woraufhin Werner von Siemens kühl antwortete: Das sei zwar richtig, aber er — Bell — habe ja versäumt, rechtzeitig ein Patent in Deutschland auf seine Erfindung anzumelden. So würde sich daran nichts ändern lassen.

In Deutschland ging dann ab 1881 die Einführung des Fernsprechens zügig weiter. Nach der Eröffnung der ersten deutschen Fernsprechvermittlungsstelle in Berlin am 1. April 1881 mit zunächst 48 Teilnehmern folgten im gleichen Jahr Stadtfernsprecheinrichtungen in Hamburg, Frankfurt am Main, Breslau, Köln und Mannheim. Der Ausbau des Fernsprechnetzes schritt voran: Die Reichshauptstadt Berlin verfügte 1898 mit 46000 Anschlüssen über mehr Sprechstellen als Frankreich insgesamt. Bei Kriegsausbruch 1914 wurden im Reichspostgebiet täglich rund 6,24 Millionen Gespräche vermittelt.

1927 sollte der Staatssekretär für das Fernmeldewesen, Ernst Feyerabend, auf der 32. Jahresversammlung der Elektrotechniker in Kiel die Plätze der beiden Erfinder Bell und Reis für die epochemachende Entdeckung des Telefons richtig festlegen: „Deshalb darf man Bell im Gegensatz zu Reis, der der Erfinder des Telephons ist, mit Recht als den Schöpfer der Telefonie bezeichnen."

Eines ist sicher: Bell ist der einzige Mensch, für den bisher nach seinem Tod eine Schweigeminute im Telefonverkehr eingelegt wurde. So lange blieben in Amerika die Drähte stumm, als Alexander Graham Bell am 1. August 1922 starb.

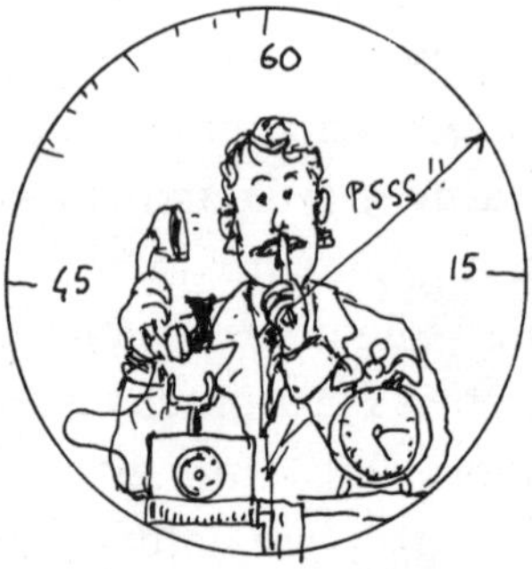

Funk

Erfinden Menschen? Eigentlich „erkennen" sie nur. Sie erkennen und verstehen einen Ausschnitt der großen Lebensprinzipien und nutzen das für die Entwicklung des technischen Fortschritts: Heinrich Hertz zum Beispiel erbrachte 1888 den Nachweis der Fernwirkung elektromagnetischer Wellen.

Der Italiener Guglielmo Marconi und andere setzten diese Erkenntnis in praktische Erfindungen um. Die Erfinder und das, was sie erfunden haben, werden wiederum häufig zu einem Instrument gemacht im Machtkampf um wirtschaftliche, militärische oder politische Erfolge. Bei der Entdeckung von Hertz und dem, was daraus wurde, dem drahtlosen Funk, traf dies in besonderem Maße zu.

Menschenschicksale wurden in diesem Kapitel des technischen Fortschritts mit dem von Nationen, von Politik und Größenwahn verwoben. Erfinder nutzen das Bestreben von Politikern nach Vorherrschaft und werden schließlich von ihnen benutzt.

Unsere Geschichte beginnt im Herbst 1895 auf dem Dachboden der Villa Pontecchio nahe Bologna. Guglielmo Marconi, der zwanzigjährige Sohn eines reichen italienischen Gutsbesitzers hatte auf einer Vorlesung des italienischen Physikers Augusto Righi in Bologna von den Möglichkeiten der elektromagnetischen Wellen erfahren. Von diesem Moment an ließ den Autodidakten der Gedanke nicht mehr los, daß es möglich sein müsse, mit Hilfe dieser Wellen Informationen über weite Entfernungen drahtlos zu transportieren:

„In meiner Heimat, in der Nähe von Bologna, in Italien, begann ich zuerst im Jahre 1895, Experimente durchzuführen, um festzustellen, ob es mit Hilfe Hertzscher Wellen möglich wäre, telegraphische Zeichen ohne Hilfe verbindender Drähte auf Entfernung zu übertragen. Nach ein paar Vorversuchen mit Hertzschen Wellen kam ich zur Überzeugung, daß ein neues Nachrichtensystem möglich sei, das ungeheure Vorteile gegenüber Blinklichtern und optischen Methoden, deren Erfolg von der Klarheit der Atmosphäre abhängt, besitzen würde, wenn diese oder ähnliche Wellen in zuverlässiger Weise über beträchtliche Entfernungen gesendet und empfangen werden könnten. Meine ersten Versuche wurden mit einem gewöhnlichen Hertzschen Wellenerreger und mit einem Branlyschen Fritter als Detektor durchgeführt."

1890 hatte der französische Physiker Edouard Branly ein einfaches Mittel gefunden, um die Hertzschen Wellen sichtbar zu machen, den „Kohärer" oder „Fritter", ein mit Eisenfeilspänen gefülltes Glasröhrchen. Unter dem Aufprall elektrischer Wellen ändern die Eisenspäne ihren elektrischen Widerstand und verändern ihre Anordnung. Dieses ist der Indi-

kator oder „Anzeiger“ für die Wellen, sozusagen das elektrische Auge des Menschen, das ihm erlaubt, erstmals diese Wellen überhaupt wahrzunehmen.

Doch dem jungen Guglielmo Marconi reichte diese Möglichkeit schon bald nicht mehr. Er begann mit geradezu verbissenem Eifer, ohne entsprechende physikalische Ausbildung und trotz der kritischen Bemerkung seines gebildeten Vaters eigene Experimente zu machen, und zwar auf dem Dachboden des väterlichen Hauses.

Marconi: „Bald fand ich heraus, daß der Branlysche Fritter für den praktischen Gebrauch viel zu unzuverlässig war. Nach einigen Versuchen fand ich, daß ein Fritter, der aus Nickel- und Silberfeilspänen besteht, die in einer kleinen Röhre zwischen zwei silbernen Verschlußstücken untergebracht sind, empfindlicher und zuverlässiger war. Die Verbesserung gestattete mir, die Entfernung des Empfangs schrittweise bis auf eine Meile auszudehnen.“

Zwangsläufig hatten sich seine Versuche vom Dachboden in den Park der Villa bei Bologna ausgedehnt. Bei diesem Fortschritt seines Experiments und mit Hilfe des verfeinerten Anzeigers machte er bereits im September 1895 eine aufregende Feststellung: Er erkannte die Bedeutung von verschiedenen Wellenlängen.

Sein Vater hielt die Beschäftigung für Spielerei oder reinen Zeitvertreib, weil er in Guglielmo nur einen Dilettanten sah, der sich davor drückte, sich das notwendige theoretische Rüstzeug anzueignen. In der Tat war Guglielmo Marconi ein schlechter Schüler gewesen. Er wuchs zweisprachig auf, da seine Mutter aus Irland stammte. Durch diesen ständigen Wechsel zwischen Italien und England sackten seine schulischen Leistungen immer weiter ab. Er schaffte es dann zwar, sein Vorstudium am Technischen Institut in Livorno abzuschließen, verfehlte jedoch zur großen Enttäuschung seines Vaters die Zulassung zum Universitätsstudium in Bologna.

Marconis Mutter Annie aber half ihrem Sohn. Sie brachte ihn mit dem berühmten Professor Righi zusammen, und dieser wiederum verschaffte ihm Zugang zu den Bibliotheken und zu den für ihn wichtigen Instituten der Universität Bologna.

„Wenn ich die Geschichte meiner Verbindung mit der Funkentelegraphie durchgehe", schrieb Guglielmo Marconi später, „so möchte ich erwähnen, daß ich nie Physik oder Elektrotechnik studiert habe, obwohl ich als Junge an diesen Dingen sehr interessiert war. Ich folgte jedoch einer Vorlesungsreihe über Physik unter Professor Rosa in Livorno, und ich kannte die wissenschaftlichen Veröffentlichungen jener Zeit sehr gut, einschließlich der Arbeiten von Hertz, Branly und Righi."

Der Praktiker machte sehr bald die nächsten wichtigen Schritte, um die gesendeten telegraphischen Zeichen am Ankunftsort hörbar zu machen. Niemand außer ihm war bisher auf die Idee gekommen, den alten Morse-Telegraphen vom Kupferdrahtleitungsweg abzukoppeln: „Mit Hilfe einer in einem der Stromkreise des Wellenerregers oder Senders angebrachten Morsetaste war es möglich, lange oder kurze Folgen von elektrischen Wellen auszusenden, die den Empfänger auf Entfernung betätigten und die von dem Wellenerreger durch den Raum gesendeten telegraphischen Zeichen wiedergaben. Mit solch einer Anlage war ich in der Lage, auf etwa eine halbe Meile zu telegraphieren."

In dieser denkwürdigen Zeit auf dem Anwesen seines Vaters entdeckte Marconi noch etwas: das Antennen- und Erdungsprinzip. Die Reichweite ließ sich ohne weiteres vergrößern, wenn man eine der „Kondensatorenscheiben" etwas höher hielt. Eine bis heute gültige Kommunikationsanlage — die Antenne — war geboren. So schaffte es Marconi auch, Geländehindernisse, Hügel oder ähnliches zu überwinden.

Nun war plötzlich auch sein Vater von den Fähigkeiten seines Sohnes überzeugt. Die Familie beschloß, die Erfindung von Guglielmo zu verwerten und sich um finanzielle Unterstützung dafür zu bemühen.

Und damit beginnt das zweite Kapitel dieser Geschichte: Der Erfinder tritt aus seinen vier Wänden heraus auf die Bühne des Welttheaters, und nun wird es darum gehen, wer sich als erster dieses Instrument für den Machtkampf zwischen den Nationen sichert!

Die angesprochene italienische Postverwaltung erkannte jedenfalls den Wink des Schicksals nicht und reagierte negativ. Annie Marconi, Tochter einer durch Whisky-Verkauf reich gewordenen Kaufmannsfamilie, hatte offenbar die Geschäftstüchtigkeit geerbt. Sie schiffte sich im Februar 1896 mit ihrem Sohn nach England ein: im Reisegepäck die Gerätschaften, um seine Erfindung vorführen zu können. In London knüpfte sie über ihren Cousin H. Jameson-Davis, einem fähigen Techniker, Kontakte zur britischen Postverwaltung und zu deren Chefingenieur William Preece an. Dieser lud den jungen Italiener noch im selben Monat zu einer offiziellen Vorführung ein.

Dazu wurden zwei identische Stationen auf den Dachböden zweier Postämter in der Londoner City installiert. Die Vorführung beeindruckte, und es wurde beschlossen, die Demonstration — diesmal über eine längere Strecke — vor Vertretern der Admiralität und der Kriegsmarine zu wiederholen.

Doch zuvor ließ sich Marconi seine Arbeit noch patentieren. Am 2. Juni 1896 hielt er das britische Patent mit der Nummer 12039 in Händen. Mit William Preece hatte sich eine einflußreiche Persönlichkeit des britischen Empires der Erfindung Marconis angenommen. Selbst Fach-

mann, setzte er sich für den Einsatz und die Verbreitung des drahtlosen Funks energisch ein. Was im übrigen nahtlos in das Vormachtstreben der Briten auf diesem Gebiet paßte, die sich schon seit längerem um ein internationales Monopol beim drahtgebundenen Funk bemühten.

Bis 1897 gingen die Versuche in England zügig weiter. Im Mai konnte eine fünf Kilometer lange funktelegraphische Strecke zwischen der Insel Flatholm im Bristolkanal und dem Seebad Penarth bei Lavernock Point funktelegraphisch überbrückt werden: das Morsezeichen „V" (. . . —) wurde übertragen. 1900 meldete Marconi das zweite wichtige Patent in England an, das unter der Nummer 77777 registriert wurde. Der Erfinder beschrieb es so: „Im Jahre 1900 baute und meldete ich ein vollständiges System von Sendern und Empfängern zum Patent an, das aus der gewöhnlichen Art von hochliegender Flächenkapazität und Erdanschluß bestand."

Nun war die Zeit für die zweite Weltmacht gekommen: Wilhelm II. war 1888 mit 29 Jahren auf den deutschen Kaiserthron gestiegen. Die Entwicklung der Technik lag dem jungen Kaiser besonders am Herzen. Ein Jahr, bevor Marconi in England mit seiner drahtlosen Telegraphie begann, hatte Kaiser Wilhelm eine Erfahrung mit dem britischen Kabelmonopol gemacht, die ihren Eindruck auf ihn nicht verfehlte.

Am 3. Januar 1896 schickte der Kaiser sein berühmtes Telegramm an den Präsidenten der Republik Transraal, Ohm Krüger, das durch die englische Kabelgesellschaft so sehr verzögert wurde, daß das Telegramm in England früher bekannt wurde als an seinem Bestimmungsort. Nicht nur Deutschland, auch andere Nationen hatten negative Erfahrungen mit den englischen Kabelgesellschaften und deren rücksichtsloser Zensur gemacht. Chiffrierte Telegramme wurden von den Engländern überhaupt nicht befördert. Dazu lehnte Großbritannien jede „Landeerlaubnis" von Verbindungskabeln in England oder an anderen Plätzen, wo England Kabellandekonzessionen besaß, für andere Nationen rigoros ab.

Kein Wunder, daß der technisch interessierte Kaiser die Telegraphie zu seinem persönlichen Thema gemacht hatte. Als Ende 1896 die drahtlose Nachrichtenübermittlung in England auch der Öffentlichkeit mit Erfolg vorgeführt wurde, hatte der Kaiser seinen naturwissenschaftlichen Berater, Professor Adolf Slaby, Lehrstuhlinhaber für Elektrotechnik an der Technischen Hochschule in Charlottenburg, dazu extra nach London geschickt. Slaby hatte den generellen Auftrag des Monarchen, diesem über alle wichtigen technischen Neuerungen unmittelbar Bericht zu erstatten. Wilhelm II. war beeindruckt von dem, was Slaby aus England mitzuteilen wußte. Dies schien ihm die Lösung zu sein beim Streit um das englische Kabelmonopol. Slaby seinerseits sollte nun, damit Deutschland England gegenüber auf diesem Gebiet nicht wieder ins Hintertreffen kam, Versuche mit drahtloser Telegraphie anstellen. Der Kaiser ordnete dazu die Mitarbeit mehrerer militärischer Einheiten bei den Experimenten an: Die Luftschiffabteilung in Schöneberg sollte die Ballone mit den Sende- und Empfangsantennen von 300 bis 500 Meter Länge hochbringen und die Matrosenstation in Potsdam hatte für Funkanlagen auf Schiffen zu sorgen. Slaby arbeitete mit seinen Assistenten Dr. Martin Tietz und Graf Arco zusammen. Die Allgemeine Elektrizitätsgesellschaft (AEG) arbeitete die Patente des Teams, offenbar ebenfalls auf Wunsch Wilhelms II., fabrikatorisch durch.

In dieser Zeit trat eine weitere wichtige Figur in diesem Welttheater über den Wettlauf der Nationen um technischen Fortschritt auf die Bühne: Karl Ferdinand Braun. Sie brachte einen entscheidenden Fortschritt für die Handlung des Stückes. Damit waren die Akteure des Spiels komplett: Zwei Weltmächte und drei Erfinder.

Eine Straßburger Erfindergruppe benötigte einen Gutachter, um ihre Hydrotelegraphie (die Ausbreitung elektrischer Wellen durch Wasser) zu beurteilen, und beauftragte damit den dort tätigen Physiker Braun. Dieser untersuchte daraufhin die Arbeiten von Marconi und Slaby und sah, welche Schwierigkeiten die beiden gleichermaßen hatten: Sie kamen nicht über die Reichweite von zwanzig Kilometern hinaus. Braun fand die Lösung: die Aufteilung des Senders in zwei Kreise. Am 20. September 1898 führte er den „geschlossenen Schwingungskreis" vor. Noch im Oktober des gleichen Jahres erhielt er für seinen „Braunschen Sender" das Reichspatent Nummer 111578. Braun hatte damit im Kampf der Nationen um die drahtlose Telegraphie einen Punkt für Deutschland gemacht. Mit seiner Erfindung hatte er das Marconi-Patent umgangen und gleichzeitig darüber hinaus eine größere Reichweite ermöglicht.

Marconi blieb nichts anderes übrig, als das Braunsche Patent aufzugreifen. Warum nur wurde von deutscher Seite nie der Versuch gemacht, ihn daran zu hindern?

Nun kommen tragische Verwicklungen durch menschliche Emotionen ins Spiel: Kaiser Wilhelm II. glaubte an Slaby, und Slaby glaubte nur an sich beziehungsweise gönnte Karl Ferdinand Braun dessen Erfolg nicht.

Marconi hatte bereits im Juli 1897 die Wireless Telegraph & Signal Co. gegründet, die für alle Länder außer Italien die Rechte auf sein Patent erwarb. Braun beteiligte sich 1898 mit seinem Patent an der Kölner Firma „Funkentelegraphie GmbH“ und als diese keinen Erfolg hatte, etwas später an der „Professor Brauns Telegraphen GmbH“. Mit der AEG konnte Braun nicht in Verbindung treten, weil diese mit Slaby in Geschäftsbeziehungen stand.

Nun ging in Deutschland zunächst einmal ein Konkurrenzgerangel los, das der Marconi-Gesellschaft und England ermöglichte, wichtige Positionen für die Monopolisierung ihres Systems zu besetzen. Brauns Firma blieb der Erfolg versagt. Der Versuch, bei der Schiffahrt im großen Umfange Fuß zu fassen, mißlang, weil der Hamburger Reeder Albert Ballin, der Generaldirektor der HAPAG (Hamburg-Amerikanische Paketfahrt-Aktiengesellschaft), wußte, daß der Kaiser auf dem Gebiet der Funktelegraphie auf Slaby hörte und Slaby sich mit der AEG verbunden hatte. Nach verschiedenen fehlgeschlagenen Fusionsversuchen der Firma Braun wurde 1901 schließlich die Gründung einer gemeinsamen Firma von Braun mit Siemens & Halske beschlossen.

Zuvor hatte sich Braun sogar überlegt, mit Marconi zusammenzugehen, aber dieser hatte auf Brauns Brief nicht positiv reagiert. Möglicherweise aber sind diese Bemühungen die Erklärung dafür, daß Braun nie einen Patentprozeß gegen Marconi angestrengt hat, obwohl dieser Brauns Schaltung benutzte, die auch in England als Patent geschützt war. Ja, Braun unternahm nicht einmal etwas, als Marconi 1901 den zweiten Teil des Braunschen englischen Patents noch einmal für sich in England patentieren ließ. Und die englische Patentbehörde fand offenbar auch nichts dabei. Auch Slaby kopierte einfach die Braunsche Erfindung und verschwieg dessen Urheberschaft. Das allerdings ließ sich dieser zunächst nicht gefallen.

Braun und Siemens & Halske produzierten alsbald auf dem Gebiet der drahtlosen Telegraphie für das deutsche Heer, während Slaby mit der AEG bei der deutschen Kriegsmarine gut verdiente. Das Verhältnis der beiden Erfinder spitzte sich bei dieser Konstellation immer mehr zu.

Da traf Braun ein schwerer Schlag: Am 12. Dezember 1901 vollbrachte Guglielmo Marconi die Weltsensation, erstmalig ein Morsezeichen, den Buchstaben „S“, drahtlos über den Ozean zwischen Cornwall und Neufundland zu telegraphieren — natürlich unter Anwendung des Braunschen Senders, ohne das allerdings zuzugeben.

In Deutschland verhakelten sich die Parteien weiter, während die Engländer ihren Vorteil immer weiter ausbauen konnten. Dort war am 25. April 1900 „Marconi Wireless Telegraph & Co.“ gegründet worden, deren Ziel es war, Handelsschiffe mit Marconi-Stationen auszurüsten. Mit dem britischen Lloyd schloß die Marconi Company einen Vertrag zur Monopolisierung des Marconi-Systems ab. Der Vertrag besagte, daß die Schiffe des Lloyd nur mit solchen Schiffs- und Küstenfunkstationen Verkehr aufnehmen durften, die ebenfalls mit Marconi-Stationen ausgerüstet waren. So mußte sich sogar die deutsche HAPAG entschließen, einige ihrer Handelsschiffe mit Marconi-Stationen auszustatten. Und auf diese Weise erhielt auch die deutsche Nordseeinsel Borkum 1900 eine Marconi-Station.

Die Dramaturgie des Welttheaterstückes konnte sich entwickeln. Der Staatssekretär im Reichspostamt, Reinhold Kraetke, warnte 1901 vor der „drohenden Gefahr eines englischen Funkmonopols und der dadurch zu erwartenden Schädigung der deutschen Wirtschaft und Industrie".

1901 unternahm der jüngere Bruder des Kaisers, Prinz Heinrich, eine Reise in die Vereinigten Staaten und wollte Präsident Theodore Roosevelt eine Höflichkeitsbotschaft per Funk übermitteln. Der Funker der Marconi-Küstenfunkstelle verweigerte jedoch die Annahme des Funkspruchs mit der Begründung, daß das deutsche Schiff keine Marconi-Station besitze.

Kaiser Wilhelm II. schlug nun zwischen den zerstrittenen deutschen Firmen und ihren Erfindern sozusagen „auf den Tisch". Er verlangte einen Zusammenschluß der beiden deutschen Funksysteme. Die bisherigen Versuche waren daran gescheitert, daß Slaby — des kaiserlichen Wohlwollens offenbar gewiß — gefordert hatte, daß das neu zu bildende Unternehmen nur unter seinem Namen geführt werden sollte. Braun und Slaby stritten sich zu dieser Zeit vor Gericht um die Frage der Urheberschaft. Obwohl ein positiver Ausgang dieses Prozesses für Braun zu erwarten war, blieb seiner Partei jedoch keine andere Wahl, als sich dem „Befehl" des Kaisers zu fügen und nicht „wegen persönlicher Bedenken nationales Interesse aufs Spiel zu setzen". Am 27. Mai 1903 wurde die „Gesellschaft für drahtlose Telegraphie GmbH" mit der Erklärung gegründet: „Alle zwischen den Beteiligten schwebenden Patentstreitigkeiten sind durch Begründung dieses gemeinsamen Unternehmens erledigt." Unter dem Namen ihrer Telegramm-Kurzanschrift „Telefunken" sollte diese Firma zum Weltbegriff werden.

Zwei Jahre später schlug die Geburtsstunde der Küstenfunkstelle Radio Norddeich, die bis zum heutigen Tage Verbindung zu Schiffen auf allen Weltmeeren unterhält. Dazu kam es, weil der Kaiser höchstpersönlich zum Opfer des englischen Marconi-Monopols, und dazu noch in seinem eigenen Lande, wurde. Während einer Mittelmeerreise wollte er ein Telegramm nach Deutschland senden. Sein Schiff, der HAPAG-Dampfer „Hamburg", war mit einer deutschen Telefunkensendeanlage ausgerüstet, und von der Marconi-Empfangsstation auf der deutschen Insel Borkum wurde die Annahme dieses Telegramms verweigert.

Drei Tage später hatte die Firma Telefunken den Auftrag, Norddeich Radio in Ostfriesland zu bauen, das dann ab 1907 funken konnte. Von Anfang an war die Funktelegraphenstation Norddeich mit ihren für damalige Verhältnisse hervorragenden Reichweiten auf der 2000-Meter-Welle eine der leistungsstärksten in Europa. Das Bedienungspersonal arbeitete damals dort unter sehr schweren Bedingungen in Zwölf-Stunden-Schichten. Man tippte die mit der Briefpost eintreffenden Texte in die Morseapparate oder nahm über Kopfhörer die Morsezeichen von den Schiffen auf, die oft nur schwach zu hören waren. Und diese konzentrierte Tätigkeit vollzog sich unter heute unzumutbaren Arbeitsbedingungen. Der ohrenbetäubende Lärm der im Freien stehenden „Knallfunkensender" war kilometerweit zu hören und im Betriebsgebäude trotz der 20 cm dicken Wandisolierung aus

Asche und Filz kaum abzuschirmen. Das wurde erst besser, als Telefunken 1910 den „Löschfunkensender" entwickelte.

Großbritannien machte sich mit seiner Monopol-Politik bei anderen Ländern zunehmend unbeliebter. Eine Weltfunkkonferenz wurde geplant, und Deutschland bemühte sich, andere Staaten zu einer Vorkonferenz in Berlin zusammenzubekommen, um dem englischen Funkmonopol entgegenzuwirken. Frankreich, Italien, Rußland, Österreich-Ungarn und die Vereinigten Staaten sagten ihre Teilnahme zu. Die Vorkonferenz fand am 4. August 1903 auch unter der Teilnahme der „Vereinigten Königreiche Großbritannien und Irland" und Spaniens statt.

Als wichtigster Tagesordnungspunkt schlug Deutschland als Artikel 1 für den Weltfunkvertrag vor: „Die Funktelegramme von oder nach Schiffen werden ohne Rücksicht auf das verwendete Funksystem angenommen und befördert." Das Schlußprotokoll der Vorkonferenz am 13. August wurde nur von Deutschland, Österreich-Ungarn, Spanien, den USA, Frankreich und Rußland unterschrieben. Darin hieß es, daß die „Küstenstationen" gehalten sein sollen, „die Telegramme von oder nach Schiffen in See ohne Unterschied der von diesen benutzten Funksysteme anzunehmen und zu befördern". Der Vertreter Englands hatte seine Unterschrift mit der Bemerkung versagt, er sehe sich hier nur in der Rolle eines aufmerksamen Beobachters.

Die Weltfunkkonferenz fand dann erst nach dem japanisch-russischen Krieg am 3. Oktober 1906 statt. Dieser Krieg hatte der Welt vor Augen geführt, daß die drahtlose Telegraphie ganz neue militärische Grausamkeiten ermöglichte. Das russische Admiralsschiff „Petropawlovsk“ war durch ein per Funk abgerufenes Torpedo zerstört worden. Wissenschaftler und Techniker erlebten wieder einmal, wie ihre geistigen Kinder zu Vernichtungswaffen umfunktioniert wurden.

Diesmal schloß sich auch Großbritannien bei der Unterzeichnung des Funkvertrages der 27 Teilnehmer der Weltfunkkonferenz nicht aus. Artikel 3 besagte, „daß Küsten- und Bordfunkstellen“ gehalten seien, „Funktelegramme ohne Unterschied der verwendeten Funksysteme auszutauschen“. Vor allem sollte damit die Weitergabe der Notrufe von den in Seenot geratenen Schiffen garantiert werden. Das genügte jedoch den Vereinigten Staaten nicht. Sie initiierten ein Sonderabkommen, in dem vereinbart wurde, daß ein Nachrichtenaustausch — unabhängig von den benutzten Funksystemen — zwischen Schiffen auf See, vor allem beim Seenotfall, möglich sein sollte. Großbritannien unterschrieb dieses Sonderabkommen nicht. Die englischen Regierungsvertreter wurden im eigenen Land wegen ihrer Entscheidungen gleich mehrfach kritisiert. Sie hätten eine englische Gesellschaft ihrer mit legitimen Mitteln erworbener Vormachtstellung beraubt und außerdem die englische Flotte, die durch den Vertrag mit den Marconi-Gesellschaften gehalten sei, nur mit Marconi-Stationen zu verkehren, in ihrem Nachrichtendienst eingeschränkt.

1909 erhielten die beiden Protagonisten des internationalen Funkmonopolkampfes, Marconi und Braun, gemeinsam den Nobelpreis.

Am 12. April 1912 lief die Titanic, das modernste, größte und sicherste Schiff der Welt, zu ihrer Jungfernfahrt von Southampton nach New York aus. Zwei Tage später rammte sie einen Eisberg. 1500 Menschen fanden den Tod, 900 konnten gerettet werden, weil die Titanic mit einer Funkstation ausgestattet war. Als im gleichen Jahr die Vertreter der Nationen zur nächsten Weltfunkkonferenz zusammenkamen, stand diese ganz unter dem Eindruck der Titanic-Katastrophe und der Erkenntnis, daß diese noch größer geworden wäre ohne die drahtlose Telegraphie.

Nun erkannte auch Großbritannien das Sonderabkommen an, das in den allgemeinen Vertragstext aufgenommen wurde. Italien schlug dazu noch eine Erweiterung des Abkommens auf die Bordstationen der Luftschiffe vor, die damals gerade begannen, sich in die Lüfte zu erheben.

1911 war Marconi in das Direktorium einer deutschen Betriebsgesellschaft für drahtlose Telegraphie mbH eingetreten, die Handelsschiffe mit Funkstationen ausrüstete. Das aber bedeutete nicht Waffenstillstand. Der Konkurrenzkampf zwischen der Marconi-Gesellschaft und Telefunken, zwischen England und

Deutschland, ging nun auf den ausländischen Märkten erst richtig los.

Mit dem Ersten Weltkrieg änderte sich für Deutschland die Lage grundlegend. England unterbrach sämtliche Kabelverbindungen zwischen Deutschland und Amerika. Die gesamte nordamerikanische Presse und dadurch die vielen deutschstämmigen Amerikaner sollten nur noch Informationen aus englischer und französischer Sicht erhalten. Nun wirkte es sich für Deutschland günstig aus, daß Telefunken begonnen hatte, ein weltumspannendes Funknetz aufzubauen. Die Sendestation Kamina in Togo zum Beispiel war gerade noch rechtzeitig fertig geworden. Die Telefunken-Station Sayville in den USA war für die Aufgabe, die Amerikaner über Deutschland zu informieren, noch zu schwach und sollte daher ausgebaut werden. Die amerikanische Marconi-Station versuchte dagegen natürlich, die Telefunken-Station Sayville zum Schweigen zu bringen. Um die Schließung von Sayville zu erreichen, wurde in Großbritannien ein Plan ausgeheckt: Braun sollte von Marconi in einen Gerichtsprozeß verwickelt werden. Er habe das fundamentale Marconi-Patent No. 77777 aus dem Jahre 1900 verletzt. So wurden die Tatsachen einfach auf den Kopf gestellt. Aber diese Sache stand für Deutschland so gut, daß man sich dort zunächst keine Sorgen machte. Da tauchte jedoch plötzlich die Nachricht auf, Marconi wolle persönlich in den USA seine Position vertreten. Dagegen sah Deutschland nur ein

Mittel: Marconis Co-Nobelpreisträger Ferdinand Braun mußte seine Sache ebenfalls persönlich in Amerika vortragen.

Damit geriet Braun endgültig zur tragischen Figur dieses Welttheaterstückes. Gerade erst von einer schweren Krebsoperation genesen, schiffte er sich im Dezember 1914 notgedrungen auf dem norwegischen Dampfer „Bergensfjörd“ ein, um von Norwegen aus nach Amerika zu reisen. Er wurde von seiner Haushälterin — da seine Frau kränkelte und ihn nicht begleiten konnte — sowie dem Telefunken-Ingenieur Thiel und seinem Assistenten Jonathan Zemmeck begleitet. Außerdem transportierte der Dampfer die zerlegten Teile zweier Antennenmasten von je 150 Meter Länge für die Funkstation Sayville. Der norwegische Kapitän hatte den Auftrag, dafür zu sorgen, daß diese kostbare Ladung von Menschen und Material nicht den Engländern in die Hände fiel.

Braun gelangte auch heil in die USA, aber dort wurde der Prozeß vertagt und seine Anwesenheit erübrigte sich. Nun aber konnte der Physiker nicht mehr zurückreisen, denn die Engländer wollten eine gefahrlose Rückfahrt nicht garantieren. Braun mußte in den USA bleiben. Als Amerika 1917 in den Krieg eintrat, geschah Braun nichts. Dafür aber besetzte die US-Marine sofort den Sender Sayville. Im April des Jahres 1918 starb Ferdinand Braun in Amerika. Seine Person geriet fast in Vergessenheit. Heute wissen nur wenige von ihm und seinen „Erfindungen“, etwa daß die Bildröhre des Fernsehens eine Weiterentwicklung der Braunschen Röhre ist. Erfinderschicksal zwischen den Mächten! Nach dem Krieg aber begann für die Weiterentwicklung der drahtlosen Telegraphie, ein neues Kapitel: das Radio.

Am 24. Januar 1919 wurde die Reichsfunkbetriebsverwaltung gebildet. Der Funk fiel in die Zuständigkeit der Post.

Luftpost

Leutnant Ferdinand von Hiddessen vom Leibdragonerregiment Nr. 24 des Großherzogtums Hessen-Darmstadt zog das Sturmband an seiner Mütze fest, knöpfte die pelzgefütterte Pilotenjacke zu und bestieg um 19.00 Uhr, am 10. Juni 1912, auf dem Frankfurter Flugplatz Niederrad den offenen Doppeldecker „Gelber Hund", der mit 48 kg Post beladen war. Es gehörte Wagemut und fliegerisches Können dazu, diese „fliegende Kiste", ein leicht gebautes Flugzeug der frühesten Entwicklungsstufe, durch die Lüfte zu steuern. Der 24jährige „Ferries" besaß beides. Unter den 200 Piloten der ersten Stunde war Hiddessen mit dem Flugzeugführerschein Nr. 47 ausersehen, anläßlich einer Wohltätigkeitsveranstaltung die erste amtliche Post durch die Luft zu befördern.

Der Doppeldecker, ausgerüstet mit einem 65-PS-Gnom-Umlauf-Motor, gebaut von dem Flugzeugkonstrukteur August Euler, trug die Bezeichnung „Gelber Hund“ wegen der gelbbespannten Tragflächen. Um 19.04 Uhr startete Hiddessen unter dem Jubel vieler Schaulustiger die Maschine und stieg schnell bis zu 1500 m in die Höhe. Die Menschen unter ihm wurden immer kleiner. In ihm war eine große Freude. Jedesmal, wenn er in die Luft stieg, fühlte er sich frei, frei wie ein Adler. Mit 120 Stundenkilometern legte er die 27 km bis Darmstadt in 14 Minuten zurück, drehte dort noch mehrere Platzrunden, um den wartenden Menschen und vor allem den Exzellenzen etwas zu bieten, und landete dann etwas unsanft — eine richtige Landebahn gab es damals noch nicht — unter dem Jubel der Schaulustigen auf dem Exerzierplatz von Darmstadt vor dem großherzoglichen Paar.

„Donnerwetter“, dachte der junge Soldat. „Da ist etwas zu Bruch gegangen!“ Aber da war schon das Bodenpersonal, um die Postsäcke mit den 10000 Postkarten auszuladen. Hiddessen sah sich die Maschine an, eine Kufe schien angeknackst. Nun, da konnte er sich erst später drum kümmern. Jetzt mußte er sich erst einmal die Posthörner der Gala-Postillione zu Pferde anhören und Großherzog Ernst Ludwig und die Großherzogin Eleonore begrüßen. Die großherzogliche Familie war zu diesem Schauspiel eigens von dem Jagdschloß Wolfsgarten herübergekommen. Der erste Flugabschnitt der insge-

samt 170 km langen Rundflugstrecke von Frankfurt über Darmstadt, Worms, Mainz und wieder nach Frankfurt war geschafft. Nach der Begrüßungszeremonie startete Leutnant Hiddessen die lädierte Maschine erneut zum Nachtquartier in der Euler-Halle auf dem Truppenübungsplatz bei Griesheim nahe Darmstadt. Von dort ging es am nächsten Tag mit 50 kg „Luftpost" um 3.00 Uhr früh zur nächsten Station. Von Worms startete er mit 45 kg Post noch am gleichen Tag dann nach Mainz. Inzwischen war es nach dem kleinen Schaden an der Kufe auch noch zu einem Defekt an der Ölwanne gekommen und so konnte er den „Gelben Hund" erst am 17. Juni mit 60 kg Post nach Frankfurt wieder zurückfliegen.

Bei diesem Rückflug durchströmte den jungen Leutnant wie immer, wenn er so hoch durch die Lüfte flog, ein starkes Glücksgefühl. Diesmal jedoch mischte es sich mit Stolz. Diese Flugwoche, zu einem wohltätigen Zweck veranstaltet von der Großherzogin von Hessen für die Mütter- und Säuglingsfürsorge, war etwas Außergewöhnliches. Hiddessen wußte, daß er an einem historischen Ereignis teilnahm, das sich die Fliegerei mit der Luftschiffahrt, den Zeppelinen, teilte: Zum ersten Mal war Post amtlich bearbeitet und verpackt durch die Luft befördert worden.

Durch die Fliegerei würden die Menschen eines Tages noch viel schneller miteinander verbunden werden, noch schneller als mit der Eisenbahn, dem Kraftwagen, den Dampfschiffen. Grüße würden hin- und herfliegen wie Gedanken. „Ferries" von Hiddessen träumte vor sich hin, während ihm die Zugluft das junge Gesicht rötete. Sicher, die Luftschiffahrt des großartigen Grafen Zeppelin entwickelte sich rasant. So flogen in diesen großen Zigarren bereits Passagiere mit. Aber diese Luftschiffe waren auf Dauer zu langsam, zu unbeweglich. Die Zukunft gehörte nach der festen Überzeugung des jungen Leutnants den Flugzeugen. Sie waren schneller und wendiger, wenn auch noch sehr leicht gebaut, und empfindlich. Welch ein Abenteuer, mit so einer Kiste von Mutter Erde abzuheben! Er dachte an die „alten Adler“, die es am 17. Dezember 1903 in den kahlen Sanddünen von Kitty Hawk, im amerikanischen North Carolina zum ersten Mal gewagt hatten, mit Motor betriebenen Luftfahrzeugen minutenlang zu fliegen. Das war die eigentliche Geburtsstunde der Fliegerei gewesen; und dies lag schließlich noch gar nicht so lange zurück. Der junge Hiddessen fühlte sich als Pionier, als einer der ihren, neun Jahre nachdem die mutigen Männer das Abenteuer des Fliegens begonnen hatten.

Welch ein merkwürdiges Zusammentreffen von Wohltätigkeit für Mutter und Kind und der Geburtsstunde der Luftpost. Dieses leichte Flugzeug, das hier erstmals unter der Reichs-Postflagge flog, hatte der bekannte Flugzeugkonstrukteur August Euler gebaut, dessen Flugzeugfabrik in der Nähe von Darmstadt lag. Der spätere Staatssekretär im Reichsluftfahramt kannte das großherzogliche Paar privat. Ihre Königliche Hoheit, Eleonore von Hessen und bei

Rhein, führte bereits seit zwei Jahren eine Postkartenwoche zu dem genannten wohltätigen Zweck durch. Euler, Inhaber des ersten deutschen Flugzeugführer-Zeugnisses, brachte die Großherzogin darauf, die Postkarten erstmals durch die Luft transportieren zu lassen und damit nicht nur das allgemeine öffentliche Interesse an dieser Woche zu wecken, sondern auch ganz speziell das der Philatelisten. Die Beförderung durch die Luft steigerte den Wert dieser Karten und versprach daher einen höheren Reinerlös für Mutter und Kind.

In den beiden Jahren zuvor waren Postkarten mit Fotos der großherzoglichen Familie verkauft worden. Diesmal waren elf Fotokarten erschienen: neun davon wieder Familienbilder, angefertigt vom Hoffotografen Steinacker. Sie zeigten unter anderem den Großherzog in Uniform, die Großherzogin, die ganze Familie, beide Söhne in Kosakenuniform, den Großfürsten und Thronfolger von Rußland mit dem Erbgroßherzog von Hessen am Strand von Livadia (Krim) sowie die hessischen Prinzen mit den Kindern des Zaren. Dazu hatte der Jugendstilmaler Eugen Bracht noch farbige Bildkarten mit Motiven aus der Umgebung Darmstadts — Jagdschloß Wolfsgarten, der Otzberg, der Frankenstein vom Felsberg aus gesehen — gestaltet, die von der Darmstädter Druckerei L. C. Wittich im Steindruckverfahren hergestellt worden waren.

Diese Flugwoche wurde ein großer Erfolg. In einer Darmstädter Zeitung war zu lesen: „Die Postkartenwoche hat gestern (Sonntag) mit bestem Erfolg ihren Anfang genommen. Bei der Eröffnung der Luftpost in der Rheinstraße war der Andrang so stark, daß zeitweilig durch Polizei abgesperrt werden mußte. Mittags zwischen 11 und 12½ Uhr fanden Massenkonzerte sämtlicher Militärkapellen der Garnison in der Grafen- und Rheinstraße statt. In den Straßen prominierte ein zahlreiches festlich gekleidetes Publikum."

Am zweiten Tag nachmittags, das war der bewußte 10. Juni, zogen sämtliche Militärkapellen der Garnison mit Musik, voran berittene Postillione, durch die Straßen zum Exerzierplatz, wo um 4 Uhr das Flugpostamt eröffnet wurde. So berichtete die Zeitung weiter. Große gelbe Briefkästen waren vor dem mit Girlanden geschmückten Flugpostamt und auf dem Platz verstreut aufgestellt. Die Verkaufsstände der Flugpostkarten und Marken waren umlagert, und dauernd ergossen sich neue Scharen von Besuchern auf den durch die Militär- und Schutzmannschaften streng abgesperrten Platz, „wo das Publikum bei dem Monstrekonzert sämtlicher Kapellen lustwandelte". Kurz vor 7 Uhr „verkündeten Hörnersignale der berittenen Postillione das Nahen des Großherzogpaares mit Besuch und Gefolge". Das Großherzogpaar signierte vielfach Ansichtskarten. Um 7½ Uhr „schritt unter tausendstimmigen Hurra-Rufen die Postflugmaschine ‚Gelber Hund' zur Landung".

Und so ging es weiter. Der Erfolg war so groß, daß von der Post sogleich noch eine weitere Woche ge-

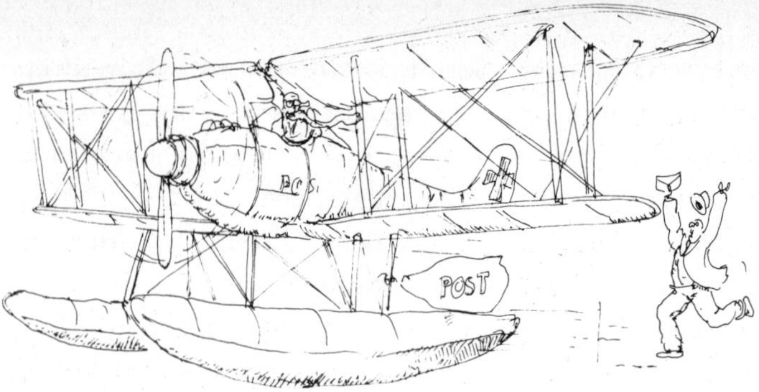

nehmigt werden mußte, bei der nicht nur der Zeppelin „Schwaben“ Postkarten beförderte, sondern auch wieder Hiddessen mit dem „Gelben Hund“. Am 22. Juni transportierte Hiddessen auf zwei weiteren Flügen nochmals Post. Zu dieser Verlängerung der Postkartenwoche erschienen noch weitere, von Steinakker gedruckte Karten, diesmal mit Aufnahmen, die die Fotografin Susanne Homann während der ersten Luftpostbeförderung geschossen hatte. Sie zeigten drei Motive der „Ankunft der Postflugmaschine Gelber Hund am Luftpostamt Darmstadt am 10. Juni 1912“, einmal mit Leutnant von Hiddessen, einmal die Auswechslung der Postsäcke und einmal den ‚Gelben Hund‘ mit den Gala-Postillionen. Die übrigen Postkarten zeigten den Zeppelin „Schwaben“.

Damit von vornherein klar war, wie man die Grußkarte zu befördern wünschte, waren die, die für das Luftschiff bestimmt waren, auf olivfarbenen Karton gedruckt und die für das Flugzeug auf orangefarbenen oder roten. Von den Karten, die das Großherzogpaar verschickte, war eine rote an August Euler gerichtet, datiert vom 12. Juni 1912. Sie lautete: „Unseren herzlichen Dank für Ihre bereitwillige Mithilfe. Hoffentlich geht alles gut. Nächstens kommen wir zu Ihnen. Ihre Eleonore und Ernst Ludwig."

Zusätzlich zum normalen Porto — 5 Pfennige Inland und 10 Pfennige Ausland — mußte für die Luftpost noch eine Flugmarke aufgeklebt werden. Sie zeigte in einem Oval einen Vogel mit einem Brief im Schnabel über einer Wolke mit der Sonne im Hintergrund. Sie trug die Aufschrift: „Erste deutsche Luftpost am Rhein". Die Flugmarken zu 10 und 20 Pfennigen in braun-rot waren für die Zeppeline bestimmt. Außerdem gab es noch 10-Pfennig-Marken mit dem Überdruck „1 Mark-Gelber Hund".

Der Sonderstempel — 33 mm Durchmesser mit Inschrift „Flugpost am Rhein und am Main" dazu die jeweilige Ortsangabe Frankfurt, Darmstadt, Offenbach, Mainz oder Worms — sollte nach Anordnung des Reichspostamtes in Berlin nur auf der Briefmarke plaziert werden. Die Flugmarke sollte frei bleiben, da es sich dabei nicht um ein Postwertzeichen handelte. Durch Unachtsamkeit wurde sie jedoch zu Anfang mitgestempelt. Für die Sammler wurde das eine besondere Attraktion, die aber zu Komplikationen führte.

Die Herren der Kaiserlichen Reichspost in Berlin waren bei der sehr kurzfristigen Anmeldung der Postkartenwoche über ihren eigenen Schatten gesprungen. Erst am 30. Mai 1912 teilte die Oberpostdirektion Darmstadt der Oberpostdirektion Frankfurt am Main mit, daß unter dem Protektorat ihrer

Königlichen Hoheit, der Großherzogin von Hessen, in den Tagen vom 9. bis 16. Juni eine Flug-Postkartenwoche zum Besten der Mütter- und Säuglingsfürsorge in Hessen stattfinden sollte. Nach Einverständnis der Oberpostdirektion Frankfurt und für diese gleich mit teilte die Oberpostdirektion Darmstadt dann wegen der knappen Zeit dem Reichspostamt das geplante Vorhaben mit. Die Genehmigungsverfügung kam bereits am 1. Juni. Auch die von der Großherzogin wärmstens unterstützte Verlängerung der Luftposttage wurde am 15. Juni aus Berlin mit dem Telegramm prompt gebilligt: „Von der OPD Darmstadt beantragte Verlängerung der Flugpost am Rhein und Main um eine Woche genehmigt."

Einen Tag zuvor war dagegen ein weniger freundliches Telegramm aus Berlin in Frankfurt eingetroffen: „Wie in Erfahrung gebracht, wird in Darmstadt private Flugpostmarke auf Karten der Postkartenwoche mit amtlichem Aufgabestempel Flugpost am Rhein und Main bedruckt. Falls diese unzulässige Abstempelung auch dort stattfindet, sofort einstellen." Am 16. Juni antwortete der verantwortliche Beamte aus Frankfurt: „Soeben lese ich nach Rückkehr von Dienstreise das dortige Tel. vom 14. betreffend d. Untersagung des Bedruckens der Flugpostmarken mit Aufgabestempel Flugpost am Rhein und Main. Damit wird der ganze Zweck wohltätiger Bestrebungen lahmgelegt. Da das Verfahren bereits 1 Woche besteht, wird weitere Genehmigung desselben beantragt u. tel. Bescheidung erbeten."

In der Zwischenzeit waren die aufgegebenen Karten in der vorgeschriebenen Form ohne die Flugmarken gestempelt worden. In Berlin wurde dann tatsächlich, sicher auch im Interesse des großherzoglichen Wohlwollens, ein amtliches Auge zugedrückt. Noch am gleichen Tag erhielt Frankfurt das Telegramm: „Telegraphischer Antrag auf Weiterstempelung der Flugpost in bisheriger Weise genehmigt." Die ordnungsgemäß gestempelten Karten durften nun zur Nachstempelung der Flugmarke auch wieder eingereicht werden, was zu einer weiteren philatelistischen Besonderheit führte: Es gab von da an Karten mit zwei unterschiedlichen Daten.

Auch sonst gab sich die Reichspost großzügig. Auf einem Werbeplakat der Großherzoglichen Zentrale für Mütter- und Säuglingsfürsorge war zu lesen: „Die Reichspost hat zum erstenmal zugelassen, daß alle Briefkästen der Reichspost in dem von dem Luftverkehr berührten Gebiet während der Dauer der Luftpost zum Einwerfen der Luftpostkarten benutzt werden können."

Während des zweiten Teils der Flugtage erkannten auch die Postkartenhändler das Geschäft und wollten beteiligt werden. Auch das wurde genehmigt. Nun durften auch normale Postkarten aufgegeben werden, wenn sie mit einer grünen Flugmarke im Wert von 30 Pfennigen beklebt waren.

Von den Wertmarken waren am Ende der Flugtage noch etliche für 10- und 20-Pfennige übriggeblieben. Diese wurden mit dem Aufdruck „E.EL.P" versehen und dienten als Teilnahmeberechtigung für ein Preisausschreiben. Es sollte geraten werden, was diese Buchstaben bedeuteten. 250 Mark oder eine Freifahrt mit dem Luftschiff waren der einzige Gewinn. Da es nur den einen Preis gab, wurde die richtige Lösung durch eine irreführende Anordnung der Punkte erschwert. So tippten die meisten Teilnehmer auf die Initialen des Großherzogpaares und rieten: „Eleonore-Ernst-Ludwig-Postkartenwoche". Die richtige Lösung aber lautete: „Ex Est Luftpost" (aus ist Luftpost). Als einzige hatte ein Fräulein Eiermann aus Nürnberg richtig geraten. Sie entschied sich für den Zeppelinfreiflug.

Mit der Luftpost war es nach dieser denkwürdigen Premiere und nachdem sich das Königreich Bayern im Herbst des gleichen Jahres noch schnell an den hessischen Erfolg angehängt hatte und eine ähnliche Veranstaltung durchführte, tatsächlich aus. In Bayern fand am 5. Oktober in München ein Postflug statt, weitere Flüge wurden während der Nürnberger Flugwoche vom 15. bis 17. Oktober gestartet. Auch hier sollten diese Flüge einem wohltätigen Zweck dienen. In München galt der Postflug der Jugendfürsorge und in Nürnberg der Förderung der bayerischen Luftschiffahrt. Was in Hessen noch den Charme einer eher improvisierten Veranstaltung gehabt hatte, wurde in Bayern genau geplant. Zunächst wurden die hessischen Erfahrungen ausgewertet und beschlossen statt der dort erschienenen 17 Postkarten nur drei mit zwei Bildmotiven erscheinen zu lassen:

eine fliegende Hochzeitskutsche über einer Seelandschaft und eine fliegende Hochzeitskutsche über der Alpenkette mit Frauenkirche. Am 5. Oktober flog der Pilot Anton Baierlein mit einem Doppeldecker und 5597 „Poststücken" an Bord vom Münchner Oberwiesenfeld zum Militärflugplatz nach Oberschleißheim. Bei den Nürnberger Flugwochen wurden die Karten nur bei Rundflügen mitgenommen und also nicht von Ort zu Ort transportiert. Später folgten noch andere Städte bei besonderen fliegerischen Anlässen diesem Beispiel, aber eine Folge für die Postbeförderung generell hatte das zunächst nicht.

Auch im Ausland wurden in dieser Zeit ähnliche Versuche gemacht, so 1911 bereits in England. Zur Krönung von König Georg V. am 22. Juni sollte über mehrere Tage hinweg von London zum Schloß Windsor die Krönungspost geflogen werden. Aber die Erwartungen sollten sich nicht erfüllen. Es konnte überhapt nur ein einziger Flug stattfinden und das erst am 9. September. Die englische Verwaltung erklärte diesen Versuch als fehlgeschlagen: Er habe lediglich den Beweis erbracht, daß Flugzeuge vorläufig nicht als ordentliche Beförderungsmittel zu verwenden seien. Ähnlich wenig erfolgreich waren die ersten Postflüge in Amerika im gleichen Jahr während der Luftfahrtausstellung auf Long Island. Es fanden nur zwei Flüge, einer am 30. September und einer am 1. Oktober zwischen Mineola auf Long Island und dem 11 km entfernten Garden-City statt. In Frankreich kam es 1911 zu einem 180 km weiten Postflug von Issy-les-Molineux nach Ville.

Auch den Verantwortlichen bei der Reichspost erschien nach den ersten Erfahrungen in Deutschland der regelmäßige Transport der Post durch die Luft noch nicht sicher genug. Bis es soweit war, mußten noch einige Jahre vergehen. Dazwischen lag der Erste Weltkrieg.

In dieser Zeit machte die Flugzeugentwicklung erhebliche Fortschritte. Im weiten russischen Kriegsgebiet entstand 1917 ein Netz von regelmäßigen militärischen Flugverbindungen. Mit diesen Flugzeugen wurde auch Luftpost befördert. Von da ab behielt die Post die neue Möglichkeit, Briefe über weite Entfernungen schneller zu transportieren, fest im Auge. Regelmäßige Fluglinien entstanden zunächst nur für die Postbeförderung, Passagierflüge folgten erst später.

Mitte Februar 1918 sprach sich die Reichspostverwaltung mit der Inspektion der Fliegertruppen in Berlin ab, versuchsweise auf der Strecke Berlin — Hannover — Köln regelmäßig Post durch die Luft zu befördern. Bei diesen „Versuchspostflügen" wurden allerdings nur mit Altpapier gefüllte Säcke transportiert. Das Ergebnis erschien zunächst unbefriedigend. Die leichten Maschinen waren noch sehr von der Witterung abhängig und auch technisch noch nicht zuverlässig genug. Nur in 25 Prozent der Flüge konnte der Flugplan über die ganze Strecke eingehalten werden. Die Reichspostverwaltung zog damals daraus die Konsequenz. Sie wollte den flugtechnischen Teil einer Organisation der Luftpostbeförderung nicht selbst übernehmen. Sie entschied sich deshalb, die privaten Initiativen auf diesem Gebiet zu unterstützen.

Mit dieser Zusage der Post richtete die Deutsche Luftreederei GmbH ab 6. Februar 1919 eine regelmäßige Flugverbindung zwischen Berlin-Johannisthal und Weimar ein, als dort die Nationalversammlung tagte. Täglich zu bestimmten Zeiten verkehrten in beiden Richtungen Flugzeuge und transportierten für die Parlamentarier Luftpostbriefe und Zeitungen. Die Flugstrecke von 250 km wurde in zwei Stunden zurückgelegt.

Dieser 6. Februar 1919 war der Beginn einer regelmäßigen Luftpost in Deutschland. Diesmal lief alles planmäßig und der Strecke Berlin — Weimar folgten daraufhin bald weitere. Das Porto für die durch die Luft beförderten Briefe einschließlich der Eilzustellung am Bestimmungsort betrug 1 Mark bei 20 g und staffelte sich entsprechend dem Gewicht. Bereits im März 1919 wurde die Strecke Berlin — Hamburg — Westerland eingerichtet, im April die dritte Strecke Berlin — Hannover — Gelsenkirchen, zu der später noch Braunschweig kam.

Die Reichsregierung zahlte der Luftreederei Zuschüsse „zur Förderung des Luftverkehrs". Außerdem charterte die Reichspost bei jedem Flug Laderaum und garantierte damit ebenfalls entsprechende Einnahmen. In Erwartung dieser Subventionen und Unterstützungen entstanden weitere Fluggesellschaften. Aber die Menge der beförderten Post ließ zunächst noch sehr zu wünschen übrig. Offenbar waren die Gebühren zu hoch. Das Luftpostgeschäft blieb zunächst ein Zuschußbetrieb. Um den Anreiz zu erhöhen, setzte die Post im Juni des gleichen Jahres die Gebühren erheblich herab und ließ mehr Sendungsarten zu, vom eingeschriebenen Brief über Postkarten, Pakete bis zu den späteren Drucksachen. Ab sofort durfte nun auch jede Reichspostanstalt Luftpostsendungen annehmen. Die neue Gebühr setzte sich aus dem normalen Porto und einem Flugzuschlag zusammen, der für normale Briefe 20 Pfennige und für Postkarten 10 Pfennige betrug. Luftpostsendungen waren mit „durch Luftpost" oder „durch Flugpost" zu kennzeichnen.

Ab Juli 1919 hatten sich bereits vier „Luftpostbeförderungsunternehmen" gegründet, darunter auch die Deutsche Luftschiffahrt-AG (DELAG) in Friedrichshafen am Bodensee mit der Zeppelinstaffel. Ende Juli wurde in Deutschland der Betriebsstoff knapp, so daß der Flugbetrieb zunächst wieder stark reduziert werden mußte.

Die DELAG begann mit einer regelmäßigen Luftpost- und Passagierverbindung zwischen Berlin und Friedrichshafen mit dem Zeppelin „Bodensee". An geraden Tagen flog der Zeppelin nach Berlin und an den ungeraden zurück. Als im November durch politische Wirren der Eisenbahnbetrieb eingeschränkt wurde, sorgte das Reichspostministerium dafür, daß die Fluglinie von Berlin nach Breslau, nach Leipzig,

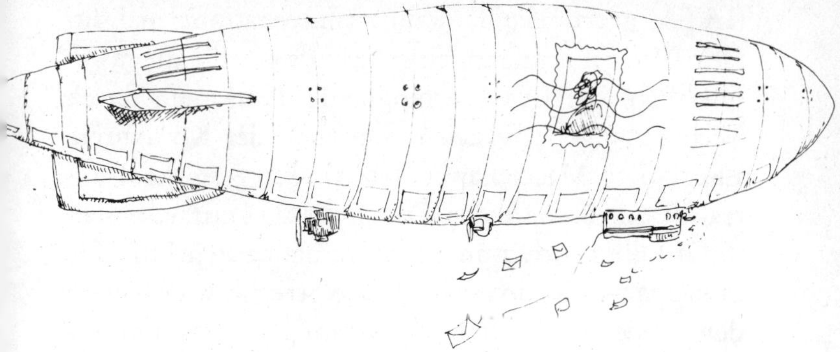

nach Warnemünde, nach Schneidemühl-Danzig-Königsberg und die Linie Berlin — Dresden wieder beflogen wurden und zwar voll beladen mit gewöhnlicher Post ohne Luftpostzuschlag. Diese Notluftpost wurde, als sich das Transportwesen wieder normalisierte, wegen der hohen Kosten wieder aufgehoben. Auch die einzige — mit Zeppelin betriebene — Südlinie mußte während dieser Zeit normale Post befördern.

Noch war die Luftpost keineswegs über den Berg, im Dezember dieses ereignisreichen Jahres wurde die Zeppelinverbindung eingestellt. Im Frühjahr 1919 verboten die Alliierten Deutschland, das den Ersten Weltkrieg verloren hatte, den Luftschiffverkehr. Die „Bodensee" mußte als Reparationsleistung an Italien ausgeliefert werden.

Mit der Fliegerei — da sie wohl noch keiner so recht ernst nahm — war es besser bestellt. In diesem für die Luftfahrt entscheidenden Jahr 1919 wurde am 28. August die International Air Traffic Association

(IATA) gegründet. Es kam zu internationalen Luftfahrt-Vereinbarungen, dem Grundstein für die Weltluftfahrt. Die IATA ermöglichte dann auch durch Verhandlungen zwischen der DLR, der Koninklike Luchtvaart Maatschappj (KLM), der Svenska Lufttraffik A. B. und der Det Danske Luftfartselskab (DDL) die Einrichtung der internationalen Luftlinie „Europa — Nordwestflug“. Die Strecke wurde nach dem in der Seeschiffahrt bekannten Pool-System betrieben, das heißt, die Aufwendungen und die Erträge wurden geteilt.

Zum Jahreswechsel 1919/1920 wurden zwischen Paris und London und von Kopenhagen über Hamburg nach Amsterdam die ersten europäischen Verkehrsverbindungen eingerichtet. Die Reichspost schaltete sich aktiv in die Verhandlungen um die neuen Luftpostlinien ein. So führte sie Gespräche vor allem mit Schweden. Das Interesse dort war so groß, daß bereits am 11. August 1920 die Luftpostlinie Berlin — Warnemünde bis Malmö verlängert werden konnte. Den Betrieb dieser Strecke übernahm die Deutsche Luftreederei gemeinsam mit der schwedischen Luftfahrtgesellschaft. Zur Beförderung wurden gewöhnliche und eingeschriebene Briefsendungen und Zeitungen zugelassen.

Im gleichen Monat konnte auch eine deutsche Verbindung nach Amsterdam aufgenommen werden. Auf diesem Weg war auch eine Luftpostverbindung nach Großbritannien sichergestellt, denn die Luftlinie Amsterdam — London bestand bereits.

In diesem Tempo ging es weiter. Neue Verbindungen kamen 1920 dazu. 1921 wurde die planmäßige Strecke zwischen Danzig, Lettland und Finnland eingerichtet. Für den Luftverkehr mit Rußland kam es Ende 1921 zur Gründung der „Deutsch-Russischen-Luftverkehrsgesellschaft mbH (DERULUFT)“. Bereits 1922 eröffnete die DERULUFT mit einem Fokker-Hochdecker die Strecke Königsberg — Moskau mit Zwischenlandung in Kowno und Smolensk. 1924 kam die erste Nachtluftpostlinie zwischen Berlin, Kopenhagen und Stockholm dazu. Sie wurde mög-

lich durch die inzwischen von der deutschen Firma Junkers gebauten Ganzmetall-Verkehrsflugzeuge, die vier Personen Platz boten. Bereits ein Jahr später wurden 40 Prozent des „Weltluftverkehrs“ mit Junkers-Flugzeugen betrieben.

1925 glaubte die Reichsregierung, die Luftfahrt genügend gestützt zu haben, und stellte die Subventionen ein. Dadurch gerieten die Luftfahrtgesellschaften in finanzielle Krisen.

Aber die Zeit war nun vorbei, da man noch die tollkühnen Männer mit ihren fliegenden Kisten für nicht ganz zurechnungsfähige notorische Abenteurer hielt. In dieser Zeit — 13 Jahre nach dem Bravourstück des Leutnant Hiddessen über Frankfurt und Darmstadt mit seinem ersten Postrundflug, damals noch eine reine Sensationsveranstaltung — wollte nun niemand mehr auf den Flugbetrieb und die Luftpost verzichten. Reich, Länder, Gemeinden und Wirtschaftskreise (unter anderem die AEG und die Deutsche Bank) gründeten deshalb am 6. Januar 1926 die „Deutsche Luft Hansa“, die bald den gesamten deutschen Luftverkehr übernahm.

Die Deutsche Reichspost schloß mit der Deutschen Luft Hansa (erst ab 1934 wird Lufthansa in einem Wort geschrieben) einen Postbeförderungsvertrag, nach dem bei jedem planmäßigen Flug Postladeraum freizuhalten war. Dafür zahlte sie eine Mindestvergütung. Damit blieb die Post der wirtschaftliche Wegbereiter für die Entwicklung des Luftverkehrs.

Bereits 1929 hatte die Reichspost mit fast allen europäischen Ländern Luftpostverbindungen. In diesem Jahr richtete sie weitere internationale Flüge ein. Das waren die Linienflüge ab Berlin nach London, Paris, Kopenhagen, Malmö und Stockholm. Alle flogen nachts. Mit dieser Nachtfliegerei war bereits 1924 zwischen Berlin und Stockholm und Berlin und Hamburg begonnen worden. Damals war das Problem der nächtlichen Orientierung noch nicht befriedigend gelöst. So wurden dafür unter anderem Holzstöße abgebrannt oder die Piloten mußten entlang der beleuchteten Eisenbahnstrecken fliegen.

Im Jahre 1929 ereignete sich bei einem Versuchsflug von Berlin nach Sevilla und Teneriffa der erste Flugzeugabsturz mit tödlichem Ausgang. Die mit Post beladene Luft Hansa Maschine mußte bei Westrau (Kreis Neuruppin) notlanden und ging dabei zu Bruch. Die Postflieger waren damals ‚Ganze Kerle' und sie verstanden etwas von ihrem Metier und ihren Maschinen. Alle berühmten Flieger zu dieser Zeit waren Postflieger. Natürlich nahmen sie, als das internationale Flugnetz entstand, auch Passagiere mit, aber die trugen nur zu einem sehr geringen Teil zur Auslastung der Fluglinie bei. So flogen im Jahre 1925 bei über 2300 fahrplanmäßigen Flügen insgesamt 5000 Fluggäste mit, dafür wurden aber in der gleichen Zeit 7000 kg Luftpost befördert und über 30000 kg Fracht.

Die Begeisterung für die Fliegerei erfaßte übrigens auch Postbeamte. Der 26jährige Berliner Willy Lenk,

Telegrafenassistent, war der erste fliegende deutsche Postbeamte. Er hatte 1912 den Pilotenschein No. 338 gemacht, um sich so bald wie möglich in den deutschen Schutzgebieten in Afrika als Postflieger einsetzen zu lassen. Aber dieser Traum sollte nicht in Erfüllung gehen. Am 3. Dezember machte Lenk seine Pilotenprüfung und bereits zwei Monate später, am 15. Februar 1913, stürzte er mit einem Doppeldecker auf dem Flugplatz Leipzig-Lindenthal tödlich ab. Die Anregung aber, die der erste fliegende Postbeamte für den Flugzeugeinsatz in Afrika gegeben hatte, wurde ein Jahr nach seinem Tod aufgenommen. 1914 bildete sich ein Komitee mit dem früheren Leiter der Kaiserlichen Reichspost, von Podbielski, an der Spitze, das sich zum Ziel setzte, Flugzeugstützpunkte in Deutsch-Ostafrika, in Deutsch-Südwestafrika und in Kamerun einzurichten.

Natürlich mußten auch in diesen Jahren die Einzelheiten über die Einrichtung internationaler Flugverbindungen zwischen den beteiligten Ländern abgesprochen werden. Da die Zahl dieser Flugpostverbindungen rapide wuchs, trafen sich die interessierten Länder 1927 zu einer Konferenz in Den Haag. 28 Nationen waren an der ersten Luftpostkonferenz beteiligt, bei der ein Abkommen über Brief- und Paketbeförderung getroffen wurde. 1928 tagte dann die Weltpostkonferenz in London, die die Freiheit des Transits über das gesamte Gebiet des Weltpostvereins regelte und den Luftpostzuschlag mit der „Kenntlichmachung der Luftpostsendungen“ in blauer Farbe und mit der Inschrift „PAR avion“ regelte.

Inzwischen durften längst auch wieder Zeppeline eingesetzt werden, die in den ersten Jahren bei den Flügen nach Süd- oder Nordamerika den kleinen anfälligen Maschinen der Luft Hansa häufig den Rang abliefen. Ab 1924 flogen die Zeppeline von Friedrichshafen am Bodensee nach New York und nahmen auf dem 75 1/2-Stunden dauernden Flug auch Post mit. Von 1924 bis 1937 flogen die Luftschiffe in Konkurrenz zu den Flugzeugen Post über die Weltmeere.

Was die Entwicklung der Luftfahrt in dieser Zeit für die Beschleunigung der Post bedeutete, macht dieser Vergleich deutlich: Während zu Stephans Zeiten ein Brief aus Deutschland nach dem Westen der USA den Durchschnittsstundenlohn eines deutschen Arbeiters kostete und mindestens einen Monat lang bis zum Empfänger unterwegs war, dauerte es nun bald nur noch vier bis fünf Tage und kostete kaum den zehnten Teil des Durchschnittsstundenlohns. Die Bedeutung Stephans für die Entwicklung der deutschen Post wird einem erst richtig klar, wenn man weiß, daß er auch diesen Fortschritt lange vorhergesehen hatte. In seinem Vortrag „Weltpost und Luftschiffahrt“, gehalten am 24. Januar 1874 vor dem Wissenschaftlichen Verein in Berlin, erklärte er: „... daß die Menschheit in nicht zu ferner Zeit über ein neues, hochwichtiges Werkzeug des Verkehrs gebieten und daß die Hoffnung des hervorragendsten

Luftschiffers Amerikas, John Wise, in Erfüllung gehen wird, wenn er sagte ,unsere Kinder werden nach jedem Teil der Erde reisen können, ohne Belästigung von Dampf, Funken oder Seekrankheit und mit einer Schnelligkeit von 20 geographischen Meilen in der Stunde'."

In dem Vortrag lobte Stephan die Entwicklung, die Schnelligkeit und die Möglichkeiten der Dampfschifffahrt und schloß dann ab: „Aber wir haben nicht überall schiffbares Wasser. Hingegen hat die Vorsehung den ganzen Erdball mit beschiffbarer Luft umgeben."

Als 1937 in Lakehurst der Zeppelin „Hindenburg" in Flammen aufging und 97 Passagiere starben, war das das Ende der Zeppelinfliegerei und der Zeppelinpost.

Trotz der Zeppelinpost über die Meere hatte die Reichspost auch immer die Entwicklung der Flugpost über diese Distanzen unterstützt. Damals wurde ein weiteres abenteuerliches Kapitel durch die Pioniere der Lüfte geschrieben: die Schleuderflüge.

Die Post in ihrem Bestreben, immer weiter und rascher die Post zu transportieren, unterstützte zunächst den Bau von immer schnelleren Dampfschiffen. Hatte die Überquerung des Atlantiks zur Zeit der Segelschiffe noch mehrere Monate gedauert, so war diese nun in nur noch zehn Tagen möglich und mit Hilfe der Luftfahrt dann in noch kürzerer Zeit. Zwar war es den Flugpionieren Köhl, Freiherr von Hünefeld und dem irischen Major Fitzmaurice mit dem Junkersflugzeug „Bremen“ bereits 1928 gelungen, den Nordatlantik in Ost-West-Richtung zu überfliegen, aber noch erschien der Reichspost die Atlantiküberquerung für den regelmäßigen Flugdienst zu gefährlich. Erst 27 Jahre später konnte die Deutsche Lufthansa den planmäßigen Flugzeugverkehr nach Amerika eröffnen.

Dafür aber entschied sich die Deutsche Luft Hansa in diesem Jahr 1928 in Zusammenarbeit mit dem Norddeutschen Lloyd für Katapultanlagen auf den Schnelldampfern „Bremen“ und „Europa“. In der Zeit von 1929 bis 1935 erreichte die Reichspost dadurch einen für die damalige Zeit erstaunlichen Fortschritt bei der Beförderung der Post. Die beiden Schnelldampfer liefen 1928 vom Stapel und waren bereits schneller als ihre Vorgänger. Um die Postbeförderung auf den weiter verkürzten Atlantikreisen noch stärker zu beschleunigen, wurden auf beiden Schiffen deutsch-amerikanische „Seeposten“ eingerichtet, die die Post während der Überfahrt bearbeiteten.

Inzwischen hatte der Flugzeugkonstrukteur Dr. Heinkel in seinen Flugzeugwerken in Warnemünde Versuche mit dem Bau von Flugzeugkatapulten für Handelsschiffe gemacht. 1925 hatte er bereits einfache Ablaufbahnen an die japanische Kriegsmarine geliefert.

Von einem Versuchskatapult wurden zunächst sechzig Probestarts gemacht, bevor eine derartige Schleuderanlage auf der „Bremen“ in der Mitte des

Schiffes zwischen den beiden Schornsteinen aufgebaut wurde. Sie bestand aus einer 27 m langen Startbahn, die nach beiden Seiten des Schiffes schwenkbar war und dem Wasserflugzeug die Möglichkeit gab, von seinem 25 m hohen Standort in jede Richtung zu starten. Auf der kurzen Startbahn war ein Startschlitten angebracht, auf dem das Flugzeug stand. Dieser wurde mit Preßluft in 1½ Sekunden auf den 25 Metern bis zu 90 Stundenkilometern nach vorne geschleudert. Damit hatte das Flugzeug den notwendigen Antrieb zum Start. Kurz vor dem Ende der Startbahn wurde der Schlitten mit Preßluft wieder angehalten.

Für den Dampfer „Bremen" war ein Heinkel-Schwimmflugzeug mit einem Gesamtgewicht von 2800 kg geliefert worden, dessen Motor 450 PS stark war. Damit konnte das Flugzeug bei einer Reisegeschwindigkeit von 150 Stundenkilometern den Flugzeugführer, den Bordfunker und etwa 200 kg Post befördern.

Über die Jungfernfahrt der „Bremen" hieß es in einer Verfügung des Reichspostministeriums: „Mit der am 18. Juli in Bremerhaven beginnenden ersten Amerikafahrt des Dampfers „Bremen" des Norddeutschen Lloyd wird versuchsweise der Flug eines Katapultflugzeuges vom Dampfer nach New York verbunden werden. Der Flug soll am 22. Juli etwa 500 km vor Erreichung der amerikanischen Küste angetreten werden. Das Flugzeug wird gewöhnliche Briefsendungen jeder Art nach den Vereinigten Staaten von Amerika und nach den Ländern über die Vereinigten Staaten hinaus befördern. Sendungen für den Flug können unter folgenden Bedingungen ausgeliefert werden:

1. Anschrift: Außer einem Klebezettel mit Luftpost/PAR avion der auffällige Vermerk „Mit Katapultflug“
2. Luftpostzuschlag: (außer den gewöhnlichen Auslandsgebühren) 50 Reichspfennig für je 20 g

Durch den Katapultflug wird die Beförderung um einen halben Tag und die Zustellung unter Umständen noch mehr beschleunigt. Die Sendungen, die mit dem Katapultflug befördert werden, erhalten einen Sonderstempel mit der Inschrift „Erster deutscher Katapultflugdampfer Bremen — New York 22. 7. 1929“. Die Sendungen sind den für gewöhnlichen Verkehr in Betracht kommenden deutschen Post-Anstalten zuzuführen, wobei ggf. auch Luftpostverbindungen zu benutzen sind, ohne daß dafür ein besonderer Zuschlag zu entrichten ist. Die Seepost des Dampfers Bremen wird gleichfalls Sendungen für den Katapultflug unter den oben erwähnten Bedingungen annehmen.“

Am Kolumbus-Kai in Bremen hatten sich am Tag der Abfahrt Tausende von Menschen versammelt. Das Schiff wurde umlagert von Seefahrzeugen aller Art, Personendampfern, Schleppdampfern, Fischkuttern, Segel- und Motorjachten, Ruderbooten, kurz allem, was auf dem Wasser schwamm. In der Luft kreuzten Flugzeuge. Alles wartete auf das Ablegen. Die Kapelle spielte das Deutschlandlied und unter dem Jubel der Tausenden nahm das Riesenschiff seine Fahrt stromabwärts zum Meer auf.

In einem Bericht über dieses Ereignis heißt es: „Unter Führung des Kapitäns Ziegenbein fuhr das Schiff mit einer Durchschnittsgeschwindigkeit von 29,5 Seemeilen über den Atlantik seinem Ziel entgegen. Am 22. Juli 1929 war der Tag gekommen, an dem der erste Start des Flugzeuges von dort ungefähr 180 Seemeilen von New York erfolgen sollte. Mit insgesamt sechs Sack Post wurde das Flugzeug beladen, der Pilot, Flugkapitän von Studnitz von der Luft Hansa und der Funker Tierichhoff nahmen in der Maschine Platz. Als das Startzeichen gegeben war, schoß das Flugzeug um 1.05 Uhr mittags in Sekundenschnelle über die Bahn. Selbst das riesige Schiff erbebte, als die Preßluft zischend entwich. Noch bevor die Zuschauer recht begriffen hatten, was vor sich gegangen war, flog das Flugzeug über den Atlantischen Ozean davon. Es stand in ständiger Funkverbindung mit dem Schiff. Nach einem störungsfreien Flug von 40 Minuten Dauer landete das Postflugzeug „D 1717“ an der Pier des Norddeutschen Lloyd in Brooklyn im New Yorker Hafen. Der erste deutsche Schleuderflugversuch auf See war geglückt. Nach zwei Stunden war die für New York City bestimmte Luftpostbeladung auf dem Hauptpostamt in New York bereits verteilt und schon vor Eintreffen der Bremen auf dem Wege zu den Empfängern. Am gleichen Tag erreichte die Bremen New

York. Sie hatte die Fahrt über den Ozean in vier Tagen, 18 Stunden und 17 Minuten zurückgelegt und damit das „Blaue Band“ errungen, das bis dahin der englische Dampfer ‚Mauritania‘ inne hatte.“

Auch im Hafen von New York war ein großes Aufgebot an diesem Ankunftstag. Hunderte von großen und kleinen Dampfern tuteten ein Willkommen und Tausende von Zuschauern jubelten ihm zu.

Wie gefährlich diese Postbeförderung noch war, wurde jedoch spätestens bei der dritten Reise der „Bremen“ nach New York mit dem Flugzeug „D 1717“ klar. Am 9. September geriet das in Richtung New York abgeschossene Flugzeug nach 2½ Stunden Flug in eine so ausgedehnte Nebelbank, daß es wieder umkehren mußte. Nur mit großer Mühe und mit Hilfe der Funkpeilung fand das Flugzeug zum Schiff zurück. Da zum Glück ruhige See herrschte, konnte es zu Wasser gehen und wurde vom Dampfer wieder hochgehievt.

Die Flugzeiten der Vorausflüge konnten übrigens noch weiter verbessert und damit die Beförderungszeit weiter verkürzt werden. Am 25. März 1930 entriß das Schwesterschiff „Europa“ der „Bremen“ auf ihrer Jungfernreise nach New York unter ihrem Kapitän Johnsson in einer Rekordfahrt von vier Tagen, siebzehn Stunden und sechs Minuten das Blaue Band. Auch die „Europa“ war mit einem Katapultflugzeug ausgerüstet. Der Vorsprung vor der gewöhnlichen Schiffspost erhöhte sich nun auf zwei Tage.

1931 ereignete sich der einzige schwere Unfall in der Geschichte der Schleuderfliegerei. Das Flugzeug D 1717 war planmäßig am 5. September 1931 von Bord der Bremen gestartet und befand sich auf dem Flug nach New York. Nach einer Zwischenlandung in Sidney (Neuschottland) verunglückte das Flugzeug über der Cobeqi-Bucht. Der Flugzeugführer Simon und der Funker Wagenknecht kamen dabei ums Leben. Die beförderte Post konnte nicht geborgen werden. Die Dampfer wurden später mit noch einem stärkeren Flugzeugtyp ausgerüstet und die Einrichtung der Schleuderflüge bewährte sich weiter. Sie beförderten nun nicht mehr nur Briefe, sondern auch Zeitungssachen, Zeitungsbilder und Filme der Wochenschau.

In diesem Zusammenhang dürfen die „Nachbringeflüge“ der Deutschen Reichspost in den Jahren 1929 bis 1935 nicht vergessen werden. Das waren die Flüge von Köln nach Cherbourg, um den Dampfern „Bremen“ und „Europa“ und zeitweise auch der „Kolumbus“ die zu spät eingetroffene Post für Amerika nachzubringen. Dieser Luftweg brachte einen Zeitgewinn von bis zu 3½ Tagen.

Vom Jahre 1935 an war die Zeit der Schleuderflüge beendet. Man hatte genügend Erfahrungen für den Luftverkehr auf der Nordatlantik-Strecke gesammelt. Diese konnten auch für den Luftpostverkehr nach Südamerika verwertet werden, der 1934 unter der Verwendung schwimmender Flugzeugstützpunkte — das waren der Dampfer „Westfalen“, später

„Schwabenland“, „Ostmark“ und „Friesland“ – eingerichtet wurde.

Südamerika mit seinen deutschfreundlich gesonnenen Ländern blieb ein großes Anliegen der Luft Hansa. So brachte ein Flugboot vom Typ Dornier Wal der brasilianischen Luftfahrtgesellschaft am 22. März 1930 dem Passagierschiff „Cap Arcona“ Postsendungen bis hinter die Insel Fernando Noronha weit vor der Küste Brasiliens nach. Das Flugzeug mußte bei dieser Aktion auf hoher See landen. Die Postlaufzeit wurde dadurch von 21 Tagen auf 19 verkürzt.

Im Juni 1930 brachte eine Luft Hansa Maschine erstmals einem Südamerika-Dampfer Post bis nach Las Palmas nach. Bei Fernando Noronha übernahm das Condor-Flugboot wiederum die Post und beförderte sie nach Rio de Janeiro. So wurde eine Postlaufzeit von nur noch zehn Tagen erreicht. Noch schneller ging es mit dem Zeppelin-Luftschiff, das am 18. Mai 1930 in Friedrichshafen am Bodensee startete und bereits am 22. Mai am Luftschifflandeplatz in Recife eintraf. Von hier beförderte die Syndikato Condor LTDA die Postsendung weiter nach Rio de Janeiro und Buenos Aires. Eine Postlaufzeit von nur fünf Tagen war erreicht. Das Luftschiff „Graf Zeppelin“ fuhr im Jahr 1931 dreimal nach Südamerika.

Um den Postdienst von und nach Südamerika weiter auszubauen, charterte die Luft Hansa ab Juli 1932 vom Norddeutschen Lloyd den Dampfer „Westfalen“, um ihn zu einem schwimmenden Flugstützpunkt auszubauen. Die Firma Heinkel entwickelte für die „Westfalen“ eine Großflugzeugschleuderanlage. Sie hatte eine Länge von 42 Metern und konnte ein Fluggewicht bis zu 14 Tonnen abschießen. Am Heck der „Westfalen“ wurde eine Krananlage mit einer Tragkraft von 15 Tonnen aufgebaut. Mit dieser Anlage wurden die Flugboote wieder an Bord gehoben und auf die Katapultanlage aufgesetzt. Die „Westfalen“ wurde 1500 km vor Bathurst im Atlantik stationiert. Das Flugboot vom Typ Dornier Wal startete in der Gambia-Mündung und nahm Kurs auf den Dampfer „Westfalen“, wo es aufgetankt und katapultiert wurde. Bereits am 7. Juni wasserte es vor Natal vor der brasilianischen Küste.

Am 3. Februar 1934 begann dann der erste regelmäßige Flugdienst mit Südamerika: In Berlin startete ein Flugzeug vom Typ He 70 mit 48 kg Post nach Stuttgart. Von dort flog die Maschine weiter nach Marseille und Sevilla. Dort wartete eine JU 52 und übernahm die Post, um sie nach einer Zwischenlandung in Las Palmas nach Britisch-Gambia zu bringen. Im Hafen übernahm der Dampfer „Westfalen“ die Post und lief dann auf Kurs Südamerika aus. 36 Stunden später wurde das Flugboot katapultiert. Bei der Wasserung vor Natal wartete bereits das Condor-Flugboot vom Typ W 34, das die Sendungen dann nach Rio de Janeiro brachte. Die zurückgelegte Strecke betrug 11 369 km und wurde in fünf Tagen bewältigt. Im ersten Jahr des Südatlantik-Dienstes wurden insgesamt 47 Flüge von und nach Südamerika durchgeführt.

In der gleichen Zeit wurde der Luftverkehr in den Nahen, Mittleren und Fernen Osten erschlossen. Dieses geschah mit der bereits vorhandenen DERULUFT.

Die Entwicklung der Luftpost ist sicher mit das aufregendste Kapitel der Organisation des Posttransports. Und die Entwicklungsgeschichte des Luftverkehrs ist weitgehend identisch mit der Entwicklungsgeschichte der Luftpost. Viele Fluglinien wären zur damaligen Zeit ohne die Post nicht entstanden. So war der Luftpostdienst einer der Wegbereiter des modernen Luftverkehrs.

Als am 13. Juni 1962 in Frankfurt am Main das 50jährige Jubiläum des ersten Postrundflugs mit dem „Gelben Hund“ gefeiert wurde, war der „Alte Adler“ Ferdinand von Hiddessen mit dabei. Er flog sogar in der Jubiläumsmaschine auf der ersten Etappe bis Darmstadt mit. Über Egelsbach bei Darmstadt übernahm er den Steuerknüppel und steuerte bei böigem Wetter, wie der Pilot später berichtete, die Maschine „in großartiger Manier“ bis Darmstadt. Hiddessen, der an diesem Tag über die Ehrungen für ihn ganz gerührt war, bedankte sich und berichtete, daß sie damals alle mit ganzem Herzen bei der Fliegerei gewesen seien und sich von ihr einen Fortschritt für die ganze Menschheit erhofft hatten. Doch dieser Fortschritt sollte noch eine Weile auf sich warten lassen. Denn es folgten zwei Weltkriege.

Rundfunk

Sie standen in Reih und Glied mit zum Hitlergruß erhobener Hand, die Mitarbeiter und Mitarbeiterinnen, die Techniker und Programmgestalter, als Joseph Goebbels am 25. März 1933 zum ersten Mal das Berliner Funkhaus in der Masurenallee als oberster Chef betrat. Wenige Tage zuvor, am 13. März, war er Minister für Volksaufklärung und Propaganda geworden. Von Anfang an hatte er den Rundfunk als ein nützliches Instrument zur Machterhaltung der Nationalsozialisten erkannt. Mit dem sicheren Instinkt des Machtmenschen und als entschlossener Demagoge spürte Dr. Joseph Goebbels die Möglichkeiten dieser ganz neuen Technik.

Vor den Intendanten der Rundfunkgesellschaften breitete Joseph Goebbels bereits am 25. März, nur drei Tage nachdem er die wirtschaftliche Kontrolle über den Rundfunk übernommen hatte, in kaltschnäuziger Offenheit seine Zielvorstellung aus: „Ich halte den Rundfunk für das allermodernste und für das allerwichtigste Massenbeeinflussungsinstrument, das es überhaupt gibt ... Der Rundfunk muß der Regierung die fehlenden 48 Prozent zusammentrommeln, und haben wir sie dann, muß der Rundfunk die 100 Prozent halten, muß sie verteidigen, muß sie so innerlich durchtränken mit dem geistigen Inhalt unserer Zeit, daß niemand mehr ausbrechen kann ... Nur nicht langweilig werden. Nur keine Öde. Nur nicht die Gesinnung auf den Präsentierteller legen ... Der Rundfunk soll niemals an dem Wort kranken, man merkt die Absicht und wird verstimmt."

Hans Bredow, „Vater des Rundfunks" genannt, dem Goebbels dieses Propagandainstrument verdankte, hatte wenige Tage zuvor das Funkhaus freiwillig verlassen. In seinen Lebenserinnerungen schreibt er: „Ich war damit der Schmach entgangen, der meine Kollegen bald darauf ausgesetzt wurden ..., als sie den Usurpator des Rundfunks ... mit erhobener Hand begrüßen und seinen lügnerischen Worten Beifall zollen mußten."

Dr. Hans Bredow hatte sich nie gescheut, außergewöhnliche Schritte zu tun, wenn sie ihm notwendig erschienen. So war er auch aus der leitenden Funktion einer großen Industriefirma — er war seit 1908 Direktor der Gesellschaft für drahtlose Telegraphie (Telefunken) gewesen — 1919 in die Reichspostverwaltung übergewechselt. Er sollte als Ministerialdirektor bei der Deutschen Reichspost die Funkabteilung einrichten und leiten. Dieser selbstbewußte, liberal denkende Manager setzte sich in Zeiten großer politischer Dauerkrisen, der bittersten Armut in Deutschland für das neue drahtlose Medium Funk ein. Die kommerzielle Entwicklung dieses neuen Mediums begann mit dem Wirtschaftsfunk, Überseefunk und Seefunk, bis er schließlich zur Unterhaltung genutzt wurde. Der Wirtschaftsfunk belieferte bereits 1919 in 75 deutschen Städten die Telegraphenämter mit Wirtschaftsinformationen, die diese ihren Teilnehmern wie Banken und Geschäftshäuser per Eildienst zustellten. Gesendet wurden diese Nachrichten von der Reichsfunkstelle Königswusterhausen. Es hatte in der Geschichte der Erfindungen neben den Erfindern selbst — in diesem Fall der Deutsche Heinrich Hertz und der Italiener Guglielmo Marconi — immer wagemutiger Pioniere bedurft, die die neuen Möglichkeiten erkannten und die sich allen Widerständen und Unkenrufen zum Trotz unbeirrbar für sie einsetzten. Die Tragik in Bredows Glauben und mühevollem Einsatz für den Rundfunk war, daß er ihn nach letztlich geglückten Versuchen sozusagen fix und fertig den Nationalsozialisten überantworten mußte, die ihn skrupellos für ihre Zwecke ausnutzten.

Der Schotte James Clerq Maxwell hatte Mitte des 19. Jahrhunderts auf mathematischem Wege die Existenz elektromagnetischer Wellen im freien Raum abgeleitet. Maxwell selber begnügte sich mit der Theorie; der deutsche Physiker Heinrich Hertz bestätigte etwas später diese Theorie experimentell. Dies gelang ihm erstmals im Jahre 1888. Dazu setzte er Funkenüberschläge ein — daher der Name „Rundfunk". Hertz' einfache Anlage für den Nachweis elektromagnetischer Wellen führte zu einem neuen Weg der Nachrichtentechnik.

Wer als erster von der Hertzschen Anlage den gedanklichen Schritt zur Idee des Funkverkehrs tat, ist unklar. Einmal getan, wurde ein großer Bedarf von den Schiffahrtsgesellschaften — wegen der Wettermeldungen und Sturmwarnungen — und der Kriegsmarine — wegen der Operationsbefehle — angemeldet. Nach dem dramatischen Untergang der Titanic am 14. April 1912 war bald jedes Hochseeschiff mit einem ständig eingeschalteten Funkgerät ausgestattet.

Zunächst gelang es dem Russen Alexander Stepanowitsch Propow 1896 mit seiner ersten Antenne zwei Worte in Morsezeichen über 250 Meter deutlich zu übertragen: den Namen „Heinrich Hertz". Danach gelang es dem Italiener Guglielmo Marconi, immer größere Entfernungen zu überbrücken, so daß er mit seiner von ihm gegründeten Firma „Wireless Telegraph & Signal Co." Feuerschiffe und Leuchttürme mit Funkanlagen ausrüsten konnte. Sein nächstes noch größeres Ziel, eine über den Atlantik reichende Funkverbindung zu schaffen, erreichte Marconi 1901.

In den 20er Jahren waren die Probleme der militärischen und der kommerziellen Nachrichtenverbindungen vor allem zum Zweck der Warnung und der Hilfeleistung per Funk gelöst. Man begann sich auf die breit gestreute Informations- und Unterhaltungssendung zu konzentrieren. Damals entstand die englische Bezeichnung „Broadcasting".

Bredow war schon bei Telefunken mit diesen Neuentwicklungen befaßt gewesen, als er von 1906 bis 1911 den deutschen Schiffsfunkverkehr organisiert hatte. Nun sollte Bredow bei der Deutschen Reichspost die Entwicklung des Funks fördern. Bredow selbst sah das als Auftrag, seine umfassenden Pläne zur Einführung des Unterhaltungsrundfunks in Deutschland zu verwirklichen. Seine Aufgabe beschrieb er 1924 in einer Rede zur Eröffnung des Senders Elberfeld: „Für den Laien ein Wunder, für den Fachmann eine Aufgabe mit besonderem Reiz". Als er sich dieser Aufgabe 1911 mit ganzer Energie zuwandte, war Bredow 40 Jahre alt. 14 Jahre später hatte er sie trotz schwerster Bedingungen gelöst.

Hans Bredow bezeichnete sich selbst als „Fanatiker des Rundfunks". Mit Tatkraft und Weitsicht machte er sich sogleich nach Übernahme seiner neuen Aufgabe daran, die Technik der drahtlosen Übertragung von Sprache und Musik zu entwickeln, so daß sie der Allgemeinheit zur Verfügung gestellt werden konnte, dem Volk zur „Anregung und Freude in seinem schweren Dasein".

Die Entwicklung des Unterhaltungsrundfunks begann gleich nach dem Ersten Weltkrieg. Seit 1920 gingen versuchsweise von der Hauptfunkstelle der Post „Königs-Wusterhausen" Musiksendungen in den Äther. Als bei diesen Versuchen ständig bessere Ergebnisse erzielt wurden, lud Bredow die Presse ein. An einem Sonntagvormittag wurden zehn Journalisten aus Elberfeld und Burnau in der Funkstelle des Telegraphenamtes in der Morianstraße ganz oben unter das Dach geführt. Dort stand ein alter U-Boot-Empfänger aus dem Ersten Weltkrieg, der aber mit allem notwendigen Zubehör ordentlich ausgestattet war. Es geschah, was Techniker, wenn sie etwas vorführen wollen, häufig erleben: Es klappte nichts — zunächst. Als dann endlich die ersten Klänge der Musik klar und deutlich zu hören waren, funkte der Pariser Eiffelturm auf einer benachbarten Welle mit seinem Telegraphie-Morsezeichen dazwischen. Am Tag darauf war über das Ereignis in einer Lokalzeitung zu lesen: „Der mit Sachkunde bewaffnete Beamte des Telegraphenamtes behauptete, die ersten Klänge von „Traviata" gehört zu haben!"

1919 wurde Dr. Bredow zum Technischen Staatssekretär im Reichspostministerium ernannt, für das

Telegraphie-, Fernsprech- und Funkwesen. Diese Position war eine wichtige Voraussetzung, um das Ziel zu verwirklichen, einen „reglementierten Rundfunk“ einzuführen, denn inzwischen formierten sich Widerstände von verschiedenen Seiten. So berichtete der Funk-Referatsleiter im Reichspostministerium 1923 in einem Schreiben: „Die auffallende Eile, mit der in Berlin die Rundfunkfrage jetzt ihrer Lösung zugetrieben wird, hat ihre Ursache darin, daß die von einer Gruppe von Personen, die nicht ohne Einfluß sind, geführte Vereinigung der kleineren Fabrikanten Himmel und Hölle, das heißt, die Presse in Bewegung setzt, um die Absichten der Deutschen Reichspost zu durchkreuzen und die bedingungslose Freigabe des Rundfunks zu erzwingen“.

Zu den Gegnern der Bredowschen Politik gehörten auch die Funkamateure, von denen damals bereits 10000 eigene Empfangsgeräte besaßen, viele Jahre, bevor der Rundfunk offiziell eingeführt wurde. Die Amateure forderten lauthals die „Freiheit des Äthers“ nach amerikanischem Muster. Jedermann sollte aus dem Äther empfangen und natürlich auch hineinschicken können, was er wollte. Die Post habe kein Recht, so etwas zu verbieten und zu reglementieren. Die Verfechter der Freiheit verkannten die Vorteile einer ordnenden Hand, die Bredow bei der Post sah.

Wie recht Bredow hatte, bewies sehr bald die etwa gleichzeitige Entwicklung in Amerika. Dort verbreiteten die Fabrikanten von Radiogeräten gratis durch eine große Zahl von Sendestationen Musik, Vorträge und Predigten, um so möglichst viele Apparate zu verkaufen. Diese Rechnung ging auch auf. Aber die Zahl der Sendeanlagen nahm derartig und eben unreglementiert zu, daß ein wildes Durcheinander im Äther entstand. Eine vom Handelsminister einberufene Kommission mußte Ordnung ins Funkgeschäft bringen.

Die Widerstände gegen Bredows Rundfunkpolitik kamen auch aus obskuren Ecken. So wurden Gutachten ausgearbeitet, aus denen hervorging, daß das Radiohören gesundheitsschädlich sei, es wurde auch als Modernität und Verrücktheit bezeichnet. Und der Postminister selbst erklärte noch im Juli 1922, als die Versuchssendungen schon längere Zeit liefen: „Das Publikum wird doch nicht so dumm sein, sich unvollkommene Rundfunkgeräte anzuschaffen, wenn es vollkommene Grammophone bekommen kann."

Angesichts des galoppierenden Währungsverfalls wurden auch soziale Bedenken geäußert. Dazu kamen politische, polizeiliche und militärische Einwände. Der damalige preußische Minister des Innern, der Sozialdemokrat Karl Severing, erkannte — wenn auch mit einer falschen Folgerung — die politische Dimension dieser Entwicklung. Als ihm der Rundfunkempfang vorgeführt worden war, rief er entsetzt: „Wenn jeder einen derartigen Apparat im Haus hat, ist es eine Kleinigkeit, die Monarchie auszurufen!" Er verhängte sogleich ein Empfangsverbot für Privatleute.

Die Großindustrie, die Funktechnik herstellte, drängte auf einen möglichst monopolistischen Vertrieb der Rundfunkempfangsgeräte. Drei Hersteller (Telefunken, Lorenz und Huth) hatten sich mit der Schallplattenfirma Deutsche Grammophon zusammengetan. Die Deutsche Grammophon sollte das Musikprogramm liefern, und über den Rundfunk wollte das Konsortium so Reklame für den Vertrieb von Schallplatten und Empfangsgeräten machen. Von Dr. Bredow, den die Firmen als einen der ihren ansahen, erwarteten sie Entgegenkommen. Doch Bredow wollte der Privatindustrie höchstens einen „mit besonderen Vorsichtsmaßnahmen umgrenzten Spielraum" zugestehen.

Nach langen schwierigen politischen Verhandlungen, die zum großen Teil von Staatssekretär Bredow persönlich geführt wurden, fiel am 24. Oktober 1923 endlich das von Innenminister Severing verhängte Empfangsverbot. Die Aufnahme des Unterhaltungsrundfunks wurde verfügt. Das Dachgeschoß des Hauses Potsdamer Straße 4 in Berlin war innerhalb von 10 Tagen mit Laborbeständen der Schallplattenfirma Vox zum Studio umgebaut worden. Von hier aus ertönte die Stimme des Sprechers Friedrich Georg Knöpfke: „Achtung, Achtung! Hier ist die Sendestelle Berlin im Vox-Haus, auf Welle 400 m."

Der neue Rundfunk sollte weder kommerziell noch politisch sein. Man einigte sich auf folgende Regelung: Der Unterhaltungsrundfunk wird von der Deutschen Reichspost im Rahmen des ihr von der

Weimarer Verfassung eingeräumten Alleinrechts auf dem Gebiet des Fernmeldewesens gestaltet. Anders als beim Telefon vertrieb die Reichspost keine Empfangsgeräte. Die Beteiligung der Deutschen Reichspost am Rundfunk sollte sich auf die Einrichtung und den technischen Betrieb von posteigenen Sendeeinrichtungen zur Ausgestaltung eines Unterhaltungs- und Nachrichtenprogramms beschränken. Das Programm selbst sollte später von dritter Stelle gestaltet werden; die Empfänger sollte die Industrie liefern.

Bredow hatte bei der Einführung des Rundfunks in Deutschland sehr frei und nicht sehr wie ein weisungsgebundener Staatsdiener gehandelt. Dabei hat er aber mit Gründlichkeit ein Konzept durchgesetzt, das eine Ordnung vorsah, die zwar scheinbar keine Fehlentwicklungen oder Mißbräuche zuließ, dadurch offenbar aber gerade den Nationalsozialisten einen überschaubaren und leicht auf die eigenen Ziele hin zu verändernden und zu manipulierenden Apparat geschaffen. Sein selbständiges Handeln gestand er selbst offen ein, als er 1926 auf einer Tagung der Reichs-Rundfunk-Gesellschaft erklärte: „Nachdem die Organisation völlig abgeschlossen ist, darf ich es ja zugeben. Ich habe niemand um Erlaubnis gefragt, sondern auf meine persönliche Verantwortung das getan, was ich für notwendig hielt. Es ist mir noch in letzter Zeit von hervorragender Seite bestätigt worden, daß ich bei der Einrichtung des Rundfunks meine Befugnisse in unangemessener Weise überschritten habe. Hätte ich aber im Jahre 1923, als alle Vorbedingungen für den Aufbau des Rundfunks und die schnelle Entwicklung nach langer Vorarbeit vorlagen, nicht gehandelt, so würden wir heute noch verhandeln. Und deshalb nehme ich aus dem Gefühl heraus, gewissermaßen in Notwehr gehandelt zu haben, diesen Vorwurf auf mich."

In Königs-Wusterhausen wurde von der Post eine Sendeeinrichtung zur Verfügung gestellt. Ähnliches sollte dann auch noch in weiteren Großstädten geschehen. Für das Programm wurde eine gemeinnützige Gesellschaft als Dachorganisation gegründet, die Reichs-Rundfunk-Gesellschaft. Das Reichsgebiet teilte man in neun Sendebezirken mit neun Rundfunkgesellschaften auf. Für den Empfang der Sendungen wurden von den Hörern Gebühren eingezogen — für Post und Programmgesellschaften zusammen: 1924 waren das 2 Mark. Bei dieser Gebühr blieb es bis zur Währungsreform. Danach waren es 2 DM bis 1969.

Die Deutsche Verkehrs-Zeitung berichtete im Oktober 1923, wie die Kosten für die „Unterhaltung und Belehrung" fürs Volk geregelt wurden: „Zur Aufnahme der Darbietungen ist jeder Reichsangehörige befugt, der einen Erlaubnisschein bei seinem Postamt erwirbt." Die Kosten für das Unterhaltungsprogramm sollten aber nicht nur mit der Gebühr, sondern auch dadurch gedeckt werden, daß die „Unterhaltungsgesellschaften in öffentlichen Lokalen, Theater, Kinos usw. Empfangsapparate" aufstellten und die „Darbietungen mittels Lautsprecher einem größeren Zuhörerkreis gegen Eintrittsgeld" übermittelt wurden.

Erste Stufe des neuen Dienstes sollte die „Verbreitung von Musikvorführungen an Empfangsstellen in und um Berlin" sein. Sobald die weiter erforderlichen Sendeanlagen zur Verfügung stehen, wird der Dienst nach und nach auf weitere Bezirke des Deutschen Reiches ausgedehnt werden," kündigte die Post an.

Vierzehn Tage vor der offiziellen Eröffnung des Rundfunks am 24. Oktober 1923 lud Staatssekretär Dr. Hans Bredow die Presse zur Vorführung eines Radioprogramms in den Hörsaal des Telegraphentechnischen Reichsamtes ein. Nach der Vorführung kam der Journalist Adolf Zimmermann auf Bredow zu: „Ich habe Sie immer bei Ihrer Arbeit unterstützt und werde das auch weiter tun, aber ich setze voraus, daß Sie den Rundfunk nie wieder als Kulturfortschritt bezeichnen!"

Künstler waren gegen dieses neue Medium, an ihrer Spitze der Dirigent Wilhelm Furtwängler. Viele weigerten sich, im Rundfunk aufzutreten. Erst der Berliner Philosoph Max Dessoir brach mit seinen Vorträgen im Rundfunk den Bann: Oper und Schauspiel wurden ab 1924 im Rundfunk übertragen.

Der erste populäre deutsche Rundfunkreporter war Alfred Braun. Sein markantes „Achtung, Achtung, hier ist Berlin" war bekannter als das häufige Pausenzeichen. Als der Zeppelin „Hindenburg" aus

Amerika kommend, auf dem Flugfeld Berlin-Staaken niederging und sich das Landemanöver endlos ausdehnte und Braun nicht mehr wußte, wie er seine Zuhörer unterhalten sollte, erfand er einen Hasen. Er beschrieb, wie „Meister Lampe“ aufgescheucht und angstvoll aus dem Kreis der Ehrengäste zu entkommen suchte. Immer, wenn sonst nichts geschah — tauchte der Hase wieder auf. „Liebe Hörer, wenn Sie das Bild jetzt sehen könnten: Tierliebe Zuschauer hier auf dem Platz haben Gevatter Langohr eine Gasse gemacht, aber im letzten Augenblick hat der stummelschwänzige Vierbeiner es mit der Angst gekriegt. Denkt, die Menschen wollen ihm ans Fell. Und mit schnellen Haken rennt er zurück an die andere Seite des Kreises . . .“.

Der von Alfred Braun an diesem denkwürdigen Tag der Zeppelinlandung erfundene Hase sollte noch lange weitergeistern. Und wenn einmal eine Reportage nicht recht vom Fleck kam, pflegten die beteiligten Techniker zu sagen: „Jetzt müßte der Hase von Staaken auftauchen!“

Bald gab es professionelle Rundfunkansager, unter ihnen war Karl Wessel der populärste in Berlin. Die

Nachrichten wurden damals einfach aus den Zeitungen vorgelesen, die ein Bote per Fahrrad zuvor aus den Verlagshäusern geholt hatte. Hatte sein Rad eine Panne, fiel die Nachrichtensendung aus.

Der Schwerpunkt des Programms lag bei der Unterhaltung. Politik fand im Rundfunk in der Anfangszeit nur unter dem Gesichtspunkt der Werbung für den republikanischen Staatsgedanken statt. Damit die Berichterstattung strikt neutral blieb, wurde zensiert: Die Programmgesellschaften wurden durch sogenannte „Überwachungsausschüsse“ und „Kulturbeiräte“ kontrolliert, denen ab 1926 alle Manuskripte vorgelegt werden mußten. Wer die öffentliche

Übertragung von Reichstagssitzungen forderte, galt schon als Unruhestifter. Bertolt Brecht bemerkte 1927 sarkastisch: „Die Furcht der Abgeordneten, im ganzen Reich gehört zu werden, darf, da sie sehr berechtigt ist, nicht unterschätzt werden." So schuf die Furcht vor der Politisierung letztlich mit der Zensur mit die Voraussetzung für eine spätere totale politische Kontrolle.

Dr. Bredow war inzwischen als Staatssekretär aus dem unmittelbaren Postdienst ausgeschieden und 1926 Reichsrundfunkkommissar geworden. Dieser war dem Reichspostministerium nachgeordnet. Zuvor hatte er noch den Begriff „Radio" abgeschafft und das deutsche Wort „Rundfunk" durchgesetzt.

Zur Funkausstellung 1930 hielt Albert Einstein die Eröffnungsrede. Dies machte deutlich, wie sehr das Ansehen des Rundfunks inzwischen gestiegen war. Die Ansprache eines so berühmten Mannes trug natürlich noch mehr zur Popularisierung des neuen Mediums bei. Einstein lobte die Arbeit der Erfinder und Techniker im Dienst des Fortschritts: „Was nun den Rundfunk anlangt, so hat er eine einzige Aufgabe zu erfüllen im Sinne der Völkerversöhnung. Bis auf unsere Tage lernten die Völker einander fast ausschließlich durch den verzerrten Spiegel der eigenen Tagespresse kennen . . . Er (der Rundfunk) kann dazu beitragen, das Gefühl gegenseitiger Fremdheit zu tilgen, das so leicht in Mißtrauen und Feindseligkeit umschlägt."

1931 wurde das neu erbaute Berliner Funkhaus in der Masurenallee bezogen, und Reporter Alfred Braun rief Dr. Bredow zu: „Das Schiff ist klar zur Fahrt, Kommandant, geben Sie Befehl zum Start!" Doch die politischen Ereignisse sollten dieses Schiff sehr schnell unter einer anderen Flagge schwimmen lassen. 1932 bemühte sich Adolf Hitler, der Führer der NSDAP, noch vergebens um einen Sendetermin. Er bekam nicht einmal Antwort. Doch schon vier Monate danach trat Joseph Goebbels zum ersten Mal im deutschen Rundfunk auf. Sein Text war noch vom „Überwachungsausschuß" redigiert worden. Das sollte sich schnell ändern. Schon im Spätsommer des gleichen Jahres verzichtete Dr. Bredow wegen der Ankündigung, die NSDAP würde sonst die Feier stören, auf die Eröffnungsrede zur 9. Funkausstellung in Berlin. Trotzdem kam es zu einem Zwischenfall. Zwei Gäste schrien laut in den Saal: „Deutschland erwache!" und „Es lebe die NSDAP!" Die zwei Störenfriede wurden festgenommen. Es handelte sich bemerkenswerterweise um Eugen Hadamovsky, den späteren Reichssendeleiter und den früheren Kommunisten Horst Dressler-Andreß, der später Ministerialrat und Rundfunkreferent in Goebbels' Propagandaministerium werden sollte.

Am 30. Januar 1933, während die braunen Parteiverbände sich zu ihrem Fackelzug formierten, fuhr der NSDAP-„Gaufunkrat" von Berlin, Eugen Hadamovsky, in die Masurenallee und erzwang eine Reportage über den Fackelzug. Daraufhin bot Bredow noch am gleichen Tag seinen Rücktritt an: „Die heute erfolgte politische Änderung und die Besetzung des Reichsministeriums des Inneren mit dem Vertreter einer mich grundsätzlich ablehnenden Partei haben eine für meine Tätigkeit untragbare Lage geschaffen."

Die Nationalsozialisten konnten nicht zugeben, daß sie Dr. Bredow etwas für sie Unschätzbares verdankten. Sie erwähnten in ihren Blättern mit keinem Wort, wer der Vater dieses neue Mediums war, das ganz neue Perspektiven der Massenbeeinflussung bot. Stattdessen schmähten sie ihn. Der „Völkische Beobachter", das Organ der Nationalsozialisten, kommentierte: „Der neue Wind weht — Rücktritt Dr. Bredows . . . Über einen Nachfolger ist noch nicht entschieden. Herr Bredow gehört zu den unerfreulichen Erscheinungen im Rundfunkwesen. Seine Ausscheidung unter der neuen Reichsregierung war eine Selbstverständlichkeit." Und an anderer Stelle: „Die jüdische Schutztruppe Bredows muß auch noch verschwinden!"

Goebbels' Vertrauter, Eugen Hadamovsky, bezog sogleich Bredows Räume und ließ als erste Amtshandlung dort die Büste von Heinrich Hertz entfernen. „Glaubte er, durch diese antisemitische Demonstration auch die Erinnerung an den Mann auslöschen zu können, dem die Menschheit das Wunder der elektrischen Welle verdankt?", schrieb Bredow später in seinen Erinnerungen.

Bald darauf wurden die Leiter der Reichs-Rundfunk-Gesellschaft, Dr. Kurt Magnus und Heinrich

Giesecke, der Berliner Intendant Dr. Hans Flesch, der Reporter Alfred Braun und der Aufsichtsrat der Funkstunde Ernst Heilmann in das Konzentrationslager Oranienburg verschleppt. Der Chefingenieur der Reichs-Rundfunk-Gesellschaft, Walter Schäffer, vergiftete sich zusammen mit seiner Frau. Der erste Direktor der Berliner Funkstunde, Prof. Friedrich Georg Knoepfke, wurde ausgepeitscht. Er erschoß sich daraufhin. Der Intendant des Leipziger Rundfunks, Professor Ludwig Neubeck, wurde von der SA im Gefängnis mißhandelt und erhängte sich.

Bredow richtete Telegramme an von Hindenburg, Göring und von Papen und erklärte sich darin mit den Verhafteten Dr. Magnus und Giesecke solidarisch. Gleichzeitig bat er um ihre Freilassung, damit sie Gelegenheit zur Rechtfertigung hätten. „Falls dem nicht entsprochen werden kann, bitte ich mich ebenso zu behandeln." Und das geschah. Bredow kam in die Haftanstalt Moabit.

Die Rundfunkangelegenheiten wurden Propagandaminister Goebbels unterstellt und die demokratischen Gremien sogleich aufgelöst oder durch nationalsozialistische ersetzt. Goebbels ließ die ersten 100000 Volksempfänger, VE 301, in Auftrag geben und erklärte im Münchner Sender: „Mit leidenschaftlicher Vehemenz habe ich mich dafür eingesetzt, daß der Rundfunk eine Tendenz haben muß. Ich glaube, ich habe damit überhaupt den Rundfunk gerettet!"

Bereits Ende 1933 wurde der erste „Gemeinschaftsempfang“ des deutschen Volkes vom Propagandaministerium angeordnet. Fünf Millionen Rundfunkhörer hätten teilgenommen, hieß es anschließend. Die Hauswarte klingelten vorher bei den Familien in den Mietshäusern und forderten sie auf, ihr Gerät anzustellen.

1933 wurde der Einfluß der Post auch auf dem technischen Sektor eingeschränkt. Sämtliche Anteile der Reichs-Rundfunk-Gesellschaft gingen von der Deutschen Reichspost auf das Propagandaministerium über. Damit war das Goebbels-Ministerium die dem deutschen Rundfunk allein vorgesetzte Behörde. Die Programmgestaltung, Verwaltung sowie die Technik innerhalb der Funkhäuser steuerte die Abteilung 3. Durch die serienmäßige Herstellung des Volksempfängers zu einem Ladenpreis von 76 Reichsmark und eines deutschen Kleinempfängers für 35 Reichsmark konnte die Teilneh-

merzahl von vier Millionen 1933 in den folgenden Jahren um jeweils eine Million erhöht werden. Der Gemeinschaftsempfang wurde gleichzeitig zu einem festen Ritual gemacht, das auch Bürger, die dem Funk abweisend gegenüberstanden, mobilisieren sollte. Wenn Gemeinschaftsempfang angeordnet war, hieß es: „Die Arbeit ruht in den Betrieben, in den Gaststätten, in den Parteilokalen, damit sich die Bevölkerung vor den Lautsprechern versammeln kann." Joseph Goebbels nannte diese Veranstaltungen den „modernen Thing des Nationalsozialismus".

Rundfunkreporter oder öffentliche Redner lebten damals gefährlich. Ein Versprecher oder Ausrutscher konnte Kopf und Kragen kosten. Der Rundfunkreporter Hugo Landgraf berichtete einmal über ein Freiballonrennen auf Berlin-Tempelhof. Plötzlich tönte seine Stimme aus dem Empfänger: „Und vor mir steht dick, prall und aufgeblasen Hermann Göring". Auch den Zuhörern fuhr der Schreck in die Glieder. Wieder ertönte Landgrafs Stimme: „Ich meine den Ballon natürlich!" Noch schlimmer! Der Sendeleiter rief sofort Landgraf über das Feldtelefon an und riet ihm dringend unterzutauchen. Aber der Reporter hatte Glück. Es geschah ihm nichts, wohl wegen der persönlichen Feindschaft zwischen Goebbels und Göring.

Rundfunk als Propagandainstrument! Die Massenbeeinflussung bedurfte entsprechender Programmgestaltung. Der anfänglichen Agitation und Propaganda — in Form von Erlebnisberichten, Übertragungen von politischen Veranstaltungen, Nachrichten, Reden usw. — wurden die Hörer bald überdrüssig, Goebbels befahl Ende 1933, nur noch „Übertragungen von besonderer staatspolitischer Bedeutung“ zu senden. Der Wortpropaganda folgte ein Jahr später die Kulturpropaganda, garniert mit Schiller, Wagner, Mozart und Beethoven. 1935 wechselten Unterhaltungssendungen mit politischen Sendungen ab. Und als im zweiten Teil des Krieges über die militärischen Niederlagen zu berichten gewesen wäre, entstand die „Aktion Frohsinn“; das Rundfunkprogramm wurde nun ganz in ein „Programm der Lebensbejahung“ umgestaltet.

Am 15. Juli 1941 verschrieb Goebbels dem „Reich“ die „Ablenkung von der Schwere des Alltags“: „Wir gebrauchen zum Kriegführen ein Volk, das sich seine gute Laune bewahrt.“ Es zeigte sich, daß der Rundfunk zu den mit dem von Goebbels konzipierten Programm wirksamsten Narkotika gehörte, die den Menschen zur Beruhigung und Ablenkung verabreicht werden konnte. Goebbels allein bestimmte, was, wie und wann es gesendet wurde. Rundfunk war für ihn die „geistige Waffe des totalen Staats“. Entscheidend war dabei das, was das Publikum gewohnt war und was es hören wollte, ohne Rücksicht auf den künstlerischen Wert. Denn die Medien der politischen Propaganda sollten ohne weiteres geschluckt werden können.

Seine letzte Ansprache über den Rundfunk hielt Joseph Goebbels — die Russen standen nur noch wenige Kilometer vor Berlin — am 19. April 1945: „In einem Augenblick des Kriegsgeschehens, in dem — so möchte man glauben — noch einmal, vielleicht zum letzten Mal, alle Mächte des Hasses und der Zerstörung von Westen, Osten, Südosten und Süden gegen unsere Fronten anrennen, um sie zu durchbrechen und dem Reich den Todesstoß zu versetzen, trete ich, wie immer noch seit 1933, am Vorabend des 20. April vor das deutsche Volk hin, um zu ihm vom Führer zu sprechen . . ."

Danach war der ganze Spuk vorbei. Aber er hatte tiefe Spuren hinterlassen. Geblieben war auch der Schrecken vor dem Mißbrauch des Instruments Rundfunk. Die bereits von Hans Bredow vor der Machtübernahme durch den Nationalsozialismus in die Wege geleitete strikte Trennung von Technik und Programm wurde wieder eingeführt. Dr. Hans Bredow verfaßte 1947 — inzwischen 68 Jahre alt — die Gesetzentwürfe für die Regelung des Rundfunkwesens. Sie wurden zum Teil Grundlage der neuen Rundfunkordnung in den westdeutschen Ländern. Für die Übertragungstechnik sollte nun wieder die Post zuständig sein, die Programmgestaltung dagegen fiel unter die Kulturhoheit der Bundesländer.

Fernsehen

Sie war 23 Jahre jung, dunkelhaarig und kess und wunderte sich, wie sie in diesen 1,5 Meter mal 1,5 Meter kleinen Raum geraten war, wo sie ein flackerndes blaues Licht abtastete. Ursula Patzschke sah keinen Menschen, wußte aber gleichzeitig, daß viele Augen sie beobachteten und daß sie nun etwas tun mußte. Intuitiv fiel der jungen Schauspielerin aus ihrem großen Repertoire ein Gedicht von Eugen Roth ein. Sie zitierte: „Der Mensch, der recht sich überlegt, daß Gott ihn anschaut unentwegt, fühlt mit der Zeit in Herz und Magen ein ausgesprochenes Unbehagen ..." Die Menschen draußen vor den Bildschirmen und in den Fernsehstudios starrten auf sie atemlos „unentwegt". Und ein Unbehagen hat sie gespürt, die erste Fernsehansagerin der Welt im Berliner Studio der Deutschen Reichspost. Dafür steht sie heute auch im Guiness-Buch der Rekorde. Denn über das erste regelmäßige Fernsehprogramm ab 22. März 1935 in Berlin ist da zu lesen: „Die erste Ansagerin, die dieses Programm auf dem Bildschirm vorstellte (und damit die erste der Welt), war die Berliner Schauspielerin Ursula Patzschke.".

War sie wirklich „nur" die erste Ansagerin? War sie nicht viel mehr? Die junge Berliner Schauspielerin und Gelegenheitsentertainerin, von der Deutschen Reichspost als erste Fernsehansagerin engagiert, sagte nicht nur an, sondern gestaltete auch alle ihre Auftritte selbst. So wie sie aus der Situation heraus gleich zu Anfang das Eugen Roth-Gedicht zitiert hatte.

Das war vor noch nicht vielmehr als einem halben Jahrhundert, als das Fernsehen mit dem ersten regelmäßigen Programm der Welt feierlich eröffnet wurde. Die Fernsehpioniere sagten dem neuen Medium eine große Zukunft voraus. Und Ursula Patzschke, die zu ihnen gehörte, tat das auch. Bei einem ihrer Auftritte, als die Berliner gerade von einer Verbrechensserie beunruhigt wurden, prophezeite sie ihren Zuschauern die ungeahnten Möglichkeiten des Fernsehens und schloß: „Eines Tages fangen Sie damit sogar die Bösewichte!"

Dabei hätte es eigentlich schon fünfzig Jahre früher losgehen können. Am Heiligen Abend des Jahres 1883 hatte der Student Paul Julius Gottlieb Nipkow in seiner Studentenbude in Berlin, Philippstraße 13a, gegenüber der Kirche, Hof links, drei Treppen links, Heimweh nach seinem Elternhaus im Städtchen Lauenburg in Pommern. Um sich abzulenken, begann er zu basteln. An diesem Abend kam dem jungen Ingenieurstudenten die Idee, wie man mit Hilfe einer Spirallochscheibe Bilder zerlegen kann. Diese Bilder zu übertragen schien dann kein Problem mehr zu sein. War die Sehnsucht nach seiner Familie und der Wunsch, sie auf diese Weise nach Berlin zu holen, ursächlich für dieses Experiment und die Entwicklung des Fernsehens?

Paul Nipkow hat seine Erfindung bald darauf in seiner Patentschrift „Elektrisches Teleskop“ selbst beschrieben. Auf der Senderseite wird ein Bild in einzelne Rasterpunkte zerlegt und je nach Helligkeit des betreffenden Punktes in Stromwerte umgesetzt. Die Punkte werden zellenweise abgetastet, in aufeinanderfolgende Stromimpulse verwandelt und beim Empfänger wieder zu einem Bild zusammengesetzt. In einem fünfseitigen Lebenslauf des Erfinders ist dieses denkwürdige Ereignis festgehalten: „Es kamen mir dann auch sehr bald die Einzelheiten, insbesondere die spiralgelochte Scheibe und das Lichtrelais nach Faraday, automatisch wie beliebige Alltagsgedanken. So konnte ich bereits am 6. Januar 1884 eine Anmeldung einreichen, die dann das deutsche Reichspatent 30105 ergab.“ Dieses Patent ruhte jedoch ungenutzt in der Schublade. Nachdem Nipkow das Problem der Bildübertragung theoretisch mehr oder weniger gelöst hatte, dauerte es noch einige Jahrzehnte, bis die Idee verwirklicht wurde. Das Fernsehen war wie so vieles keine Erfindung eines einzelnen Forschers. In den langen Jahren seiner technischen Entwicklung haben sich annähernd hundert Wissenschaftler, Techniker und Phantasten damit befaßt. Als ab 1925 die ersten erfolgversprechenden Versuche zur drahtlosen Bildübertragung gemacht wurden, war Nipkows Patent schon längst verfallen.

Für den jungen Erfinder war das damals eine arge Enttäuschung gewesen. Aber es stand ja auch erst in den zwanziger Jahren das Mittel zur Verstärkung elektrischer Spannungen und Ströme zur Verfügung, die Elektronenröhre, ohne die das Fernsehen nicht denkbar ist. Die Versuchssendungen in diesen späteren Jahren ergaben, daß die Übertragung von „Bewegtbildern" möglich ist. Mit der Qualität war man aber noch lange nicht zufrieden. Zur Erhöhung der Bildqualität brauchte man eine weitaus höhere Auflösung als die 30 Zeilen der Nipkow-Methode. Dadurch ergab sich ein neues Problem. Die Zahl der pro Sekunde übertragenen Daten stieg weit über jene Rate, die man bei der Übertragung von Sprache und Musik, also beim Rundfunk, brauchte. Die Lösung dieses Problems lag in höheren Frequenzbereichen. Somit hieß die erste Voraussetzung des Fernsehens, den Ultrakurzwellenbereich für Funkübertragungen zu erschließen.

Der Ungar Dénes von Mihály war einer der Männer, der entschiedenen Anteil an der Entwicklung des damals noch fast unglaublichen Phänomens „Fernsehen“ hatte. War er ein Phantast, ein Blender oder der Pionier des Fernsehens schlechthin? Eines steht fest: Das, was der Arztsohn und Ingenieur in seinem unbändigen Eifer immer wieder versuchte, half, das Fernsehen ganz entschieden voranzubringen. Am 7. Juli 1919 gelang es Mihály, von seinem Budapester Laboratorium aus das erste geschriebene Wort zu übertragen. Es bestand zwar nur aus drei Buchstaben, hatte aber Symbolgehalt für diese Stunde: REX. Mit dem von ihm konstruierten Fernsehapparat „Telehor“ schickte er REX sowohl drahtlos als auch mit Hilfe einer Doppelleitung zu einem fast 5 km entfernten Empfangsgerät.

In Budapest wurden seine Experimente nicht genug gewürdigt, und so zog der damals Jungverheiratete im Jahre 1925 mit seiner Frau nach Berlin. Mihály fand bald zwei wichtige Mitstreiter bei der Deutschen Reichspost, den Oberpostrat Dr. Fritz Banneitz und August Kruckow, den späteren Präsidenten des Telegraphentechnischen Reichsamts. Diese Allianz glich einer Verschwörung, denn von der Leitung der Reichspost gab es damals eine Anweisung: „Jede Entwicklungstätigkeit auf dem unrentablen Gebiete des Fernsehens sei grundsätzlich abzulehnen!“ Durch seine grenzenlose Begeisterung für das neue Medium konnte Mihály auch einen Geldgeber gewinnen, den Geschäftsmann Paul Kessmann, der zwischen 1927 und 1931 900000 Reichsmark in das Fernsehunternehmen investierte. Am 11. Mai

1928 gelang es Mihály, ein unscharfes Portrait der bekannten Schauspielerin Pola Negri zu übertragen. Die Veranstaltung grenzte nahe an Scharlatanerie und war sicherlich nicht das, was sich Paul Nipkow von seiner Erfindung erträumt hatte. Aber Dr. Dénes von Mihály gelang es mit dieser Veranstaltung, daß die Zeitungen auf ihn aufmerksam wurden.

Der Ungar hatte, indem er immer wieder die Öffentlichkeit auf „seine Idee" aufmerksam machte, den Anstoß gegeben. Nun begannen die Großen unter den Elektrokonzernen mit der Forschungsarbeit. Und auf der 5. Großen Deutschen Rundfunkausstellung 1928 gab es in Berlin eine interessante neue Attraktion. Der Fernsehstand der Deutschen Reichspost, auf dem Mihály seinen Telehor-Fernsehapparat der Öffentlichkeit vorstellen konnte, war nicht größer als ein Wohnzimmer. Die Besucher standen dort Schlange, um für 1,50 RM Mihálys Fernseher zu bestaunen, unter ihnen auch ein 68jähriger Pensionär, Paul Nipkow. Er wollte „seine" Erfindung sehen, denn Dénes von Mihály nutzte als Herzstück seiner Apparatur die Nipkow-Scheibe.

Anschließend berichtete Nipkow tief enttäuscht in einem Interview: „Die Fernseher befanden sich in dunklen Zellen, und davor standen Hunderte und warteten geduldig auf den Augenblick, in dem sie erstmals fernsehen sollten. Ich wurde immer nervöser. Was ich 45 Jahre zuvor erdacht hatte, sollte ich nun erstmals wirklich sehen. Endlich war ich an der Reihe und trat ein. Ein dunkles Tuch wird zur Seite geschoben und nun sehe ich vor mir eine glimmernde Lichtfläche, auf der sich etwas bewegt. Es war nicht gut zu erkennen. Das sollte mein Fernsehen sein? Nein!"

Doch Mihály gab nicht auf. Immer wieder kam es zu neuen Vorführungen des Mediums Fernsehen mit jedesmal verbesserten Übertragungen. Aber der entscheidende Durchbruch gelang Mihály nicht.

Um eine bessere Bildqualität zu bekommen, mußte man von der mechanischen Methode der Nipkow-Scheibe zu einem elektrischen Verfahren übergehen. Der Schlüssel für diesen Schritt war die Braunsche Röhre. Der Schotte Alexander Campbell-Swinton machte den Vorschlag, sie sowohl zur Aufnahme der Bilder wie auch zum Empfang zu verwenden. Das Bild sollte auf eine mit Selenzellen bestückte Platte im Inneren einer

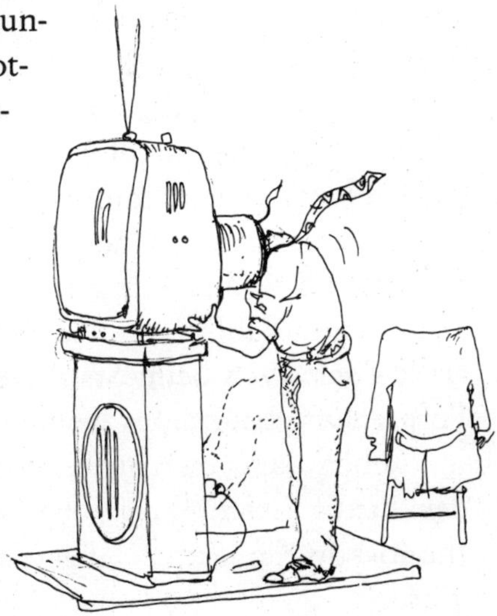

Braunschen Röhre projiziert, Zeile für Zeile abgetastet und in elektrische Ströme wechselnder Stärke verwandelt werden. Als Empfänger empfahl der Schotte eine ähnlich aufgebaute Braunsche Röhre, in der sich der Elektronenstrahl synchron zu jenen der Kamera bewegt. Er wird dabei entsprechend den aufgenommenen Stromschwankungen verstärkt oder geschwächt, so daß auf der Auffangfläche ein Hell-Dunkel-Abbild entsteht. 1930 baute der Russe Wladimir Zworykin nach diesem Vorschlag seine Bildempfängerröhre. Diese Fernsehaufnahmeröhre erhielt den griechischen Namen Ikonoskop. Das heißt übersetzt: Bildseher. Das war der Durchbruch zu der heute noch modernen und vollektronischen Fernsehtechnik.

In der Zwischenzeit hatte der Deutsche Manfred von Ardenne auf der Grundlage der Nipkowschen Erfindung weiter gearbeitet. Er stellte 1931 auf der Berliner Funkausstellung eine elektronische Bildröhre vor, mit der er die Besucher durch eine bisher unerreichte Bildqualität begeisterte. Diese Bildröhre wurde auch noch 1935 beim Start des Fernsehens genutzt, bis sie noch im selben Jahr durch die von der Firma Telefunken gebaute Ikonoskop-Kamera abgelöst wurde.

Bereits drei Jahre nach der Eröffnung des Rundfunks also hatte sich die Reichspost aktiv — offiziell und inoffiziell — mit der Entwicklung des Fernsehens zu beschäftigen begonnen. Schon 1924 hatte ihr damaliger Staatssekretär Hans Bredow prophezeit: „In absehbarer Zeit werden wir auch die Bewegung der Darsteller auf Bildern auf beliebige Entfernung übertragen können.“ So gebührt ein großes Verdienst an dieser Entwicklung in jenen denkwürdigen Tagen der zwanziger Jahre der Deutschen Reichspost. Als erste Postverwaltung der Welt hat sie sich nach anfänglichem Zögern vorbehaltlos zu diesem neuen Medium bekannt. Trotz vieler negativer Urteile und Vorhersagen begann sie die Entwicklung des Fernsehens voranzutreiben.

So war der 22. März 1935 für die Fernsehpioniere der Reichspost ein denkwürdiger Tag. Man hatte der dunkelhaarigen Ursula Patzschke, bevor sie in der kleinen Zelle verschwand, einen Zettel in die Hand gedrückt, den sie ablesen sollte: „Achtung, Achtung! Hier sind die Ultrakurzwellensender Berlin-Witzleben auf Welle 6.77 für Bild und 7.06 für Ton. Das Reichspostzentralamt überträgt Fernseh-Versuchssendung!“

Bald wurde dreimal am Tag — montags, mittwochs und samstags — jeweils eineinhalb Stunden gesendet. Ab 15. April gab es feste Sendetermine. Dreimal täglich von zehn bis zwölf, von drei bis fünf und abends von acht bis um halb zehn. Während jeder Sendung war Ursula Patzschke acht bis zehn Mi-

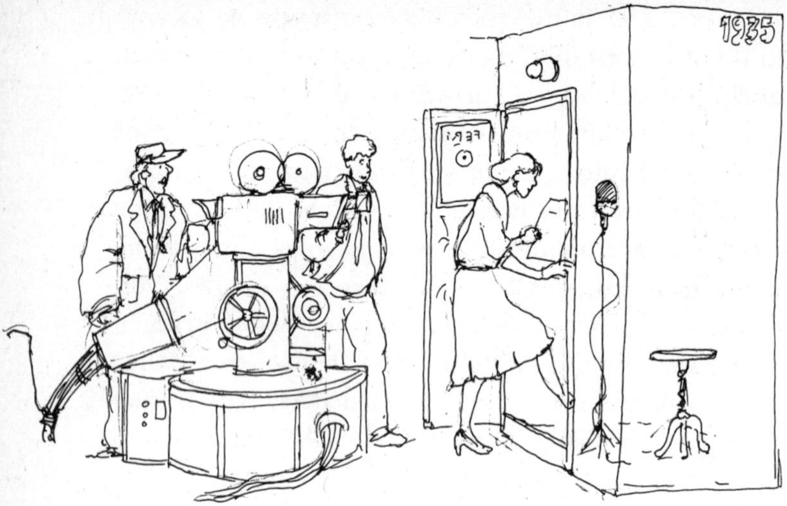

nuten voll im Bild. Ihr half kein Regisseur und kein Produktionsleiter, denn die gab es damals noch nicht. Sie erinnerte sich: „Ich saß in der Kabine, wie von Gott und der Welt verlassen.“ Aber die junge Schauspielerin hatte ein reichhaltiges Repertoire. Sie zitierte Roth, Ringelnatz, Tucholsky, Heine, Morgenstern und andere. „Als mir einmal die Zunge am Halse klebte, ging ich während der Pause zum Hausmeister. Der hatte in seiner Wohnküche zwei Meerschweinchen, ein braun-weißes und ein schwarz-weißes. Die habe ich als Fernsehstars mit hoch genommen. Und das war sensationell.“

Zum Glück hatten die ersten „Programmgestalter“ das große Filmarchiv der Ufa zur Verfügung. Reichspost und Ufa hatten sich darüber geeinigt, daß die „Programmgestalter“ ohne großen Aufwand Filme ausleihen und senden durften.

Das Fernsehen war damals für den Film noch keine Konkurrenz. Es gab vielleicht vierzig oder fünfzig Fernsehapparate in Berlin, die irgendwo in der Stadt bei hohen Beamten im Regierungsviertel und bei einigen Prominenten standen. Daneben gab es noch die öffentlichen Fernsehstuben. Bis 1936 hatte man 25 davon in Berlin eingerichtet. Bei diesen öffentlichen Fernsehstellen war der Andrang der Berliner immer sehr groß. Die Menschen standen stundenlang an, um einen Platz zu ergattern. Die Mutter von Ursula Patzschke erhielt einen Apparat von der Post zur Verfügung gestellt.

„Davor versammelte sich nach Bedarf unsere ganze Straße“, erzählte später die Tochter.

Man bemühte sich, ein gutes, abwechslungsreiches und unterhaltendes Programm zu gestalten; das

Echo war anscheinend entsprechend gut. Ursula Patzschke: „Ich bekam Heiratsanträge und Einladungen und genoß meine Popularität.“

Wie war es eigentlich dazu gekommen, daß die junge Berliner Notarstochter diese Aufgabe erhalten hatte? Sie war zwar als Schauspielerin ausgebildet, aber zu jener Zeit gab es in Berlin viele junge Talente, die darauf warteten, entdeckt zu werden und die sich in der Zwischenzeit wie Ursula Patzschke als Komparsen über Wasser hielten. Der Zufall hatte ihr diesen Ball zugespielt.

Im Herbst 1934 hatte ein Freund der Familie geheiratet: Er hieß Werner Scholz und war bei der Post beschäftigt. Als junger und technikbegeisterter Beamter hatten es ihm die Fernsehversuche angetan. Ursula Patzschke hatte für die Hochzeitsfeier ein kleines Einpersonenstück geschrieben, das unter anderem von dieser neuen Technik handelte. Sie war Autor, Regisseur und Hauptdarsteller in einer Person. Ihr Auftritt war ihr Hochzeitsgeschenk. Er wurde ein voller Erfolg. Die Gesellschaft applaudierte begeistert. Und eigentlich wäre das dann alles gewesen. Aber ein paar Tage später kam ihr im Büroraum des großen Schauspielhauses, wo Ursula Patzschke gerade wieder einmal „Komparserie machte“ und einen Pagen spielte, der Inspizient Adolf Wagner entgegen. Wagner sagte: „Ullaken, Du sollst in die Rognitzstraße zum Vorsprechen kommen. Zum Fernsehen. Deine Mutter hat gerade angerufen, die Leute von der Post erwarten Dich sofort.“

Die junge Schauspielerin konnte sich überhaupt nicht vorstellen, was man bei der Post von ihr wollte. Aber sie war neugierig und unternehmungslustig, holte ihr Fahrrad und radelte sofort zur Rognitzstraße 8. Dort machte man mit ihr ohne allzu große Umstände sogleich Probeaufnahmen: „Das Ergebnis dieser Aufnahmen wurde mit Begeisterung aufgenommen, weil mein Bild ganz herrlich kam", erinnerte sich Ursula Patzschke. Und ohne sich mit langen Formalitäten aufzuhalten, wurde sie nun von der Post engagiert. Man bot ihr 300 Mark im Monat und forderte dafür ständigen Bereitschaftsdienst. 300 Mark waren für die junge Schauspielerin viel Geld. Ein Brötchen kostete in jenen Tagen zwei Pfennige und die Durchschnittsmiete 30 RM. „Am Theater bekam ich ganze 5 Mark für den Abend auf der Bühne. Und Probetage wurden überhaupt nicht bezahlt."

Erst viel später erfuhr die frisch gebackene Fernsehansagerin, warum die Wahl des Reichspostzentralamtes ausgerechnet auf sie gefallen war. Da war doch diese Hochzeit gewesen. Und unter den Gästen von Bräutigam Werner Scholz war an diesem Abend auch dessen Chef, Dr. Fritz Banneitz, gewesen. Dem hatte das kesse Fräulein Ursula so gut gefallen, daß er sich ihren Namen ins Notizbuch geschrieben hatte.

Natürlich nahm sie diesen „Traumjob" sehr ernst. Sie kramte bei der Ufa die Tonfilme hervor, klebte sie selbst am Schneidetisch zu Kurzfassungen zusammen und versuchte auf die verschiedenste Art und Weise möglichst viele Zuschauer zu gewinnen.

„Natürlich wollten wir, daß in den Fernsehstuben möglichst viele zuschauten. Und leicht war das nicht. Auch körperlich strengte das ganz schön an. In der kleinen Zelle stand nur ein Hocker, ein Telefon und das Mikrofon. Ich hatte in eine grellweiße Spezialröhre zu schauen. Diese besondere Abtastelektronik war auch Ursache dafür, daß wir Frauen es optisch leichter hatten. Denn auch der gepflegteste Herr sah bei leisestem Bartwuchs aus wie ein unrasierter und abgemagerter U-Boot-Fahrer."

Der Schauspielerin fielen immer wieder neue Programmpunkte für ihre Auftritte ein. Als sie aus den Tierfabeln Aesops vorlas, ließ sie sich Zeichnungen von Fuchs und Storch in die 1,5 Meter mal 1,5 Meter große Kabine hängen. Ein anderes Mal ließ sie sich Karten mit technischen Daten über das Fernsehen machen und zeigte diese unter dem Titel „Wußten Sie schon . . .?". Als sie einmal Eugen Roths Gedicht über den Zahnschmerz zitierte, erschien sie mit einer dick umwickelten Backe. Das Gellert-Gedicht „Die Geschichte vom Hut" garnierte sie mit einer kleinen Hutmodenschau.

Nicht nur für Kostüme, auch für Schminke mußte sie damals noch selber sorgen. Weiße Kragen kamen im Bild zu hart, deshalb mußten Kragen beige oder grau sein. Das Schminken war nicht so problematisch, weil sich damals alle sowieso stärker und dunkler schminkten. Wegen der starken Rotempfindlichkeit der Photozellen wurden die Lippen dunkelrot – fast schwarz – gemalt und die Augenlider grün. Das Haar erhielt durch Goldpuder Glanz.

Schwierig wurde es erst, als zu Ursula Patzschkes Unterstützung während der Berliner Funkausstellung im August 1935 eine weitere Ansagerin, die blonde Annemarie Beck, engagiert wurde. Gemeinsam auf dem Bildschirm waren die beiden äußerst schwer auszuleuchten: „Entweder sah ich aus wie ein Negerbaby oder von der Annemarie sah man nur ein paar Stechaugen."

Diese 12. Große Deutsche Funkausstellung in Berlin hatte den Reichsminister für Volksaufklärung und Propaganda, Dr. Joseph Goebbels, als Schirmherren. Die Funkschau war größer denn je zuvor. Acht Hallen und das Freigelände standen zur Verfügung. Als die Ausstellung am 16. August 1935 eröffnet wurde, war Paul Nipkow mit dabei. Die Nationalsozialisten hatten den ersten Erfinder des Fernsehens wieder entdeckt. Er paßte gut in ihr Propagandakonzept. Sie nannten das Fernsehen „eine deutsche Erfindung des deutschen Arbeiters Paul Nipkow". Und so wurde er von ihnen gefeiert. Was Nipkow auf dieser Funkausstellung zu sehen bekam, machte ihn sicher, daß aus seiner Idee doch noch etwas werden könnte.

Diesmal sendeten Goebbels' Reichs-Rundfunk-Gesellschaft (RRG) und die Reichspost in Konkurrenz.

Für die Funkausstellung hatte die RRG zwanzig Fernsehempfänger gekauft und eine Fernsehstraße aufgebaut. 115 000 Besucher gingen durch sie hindurch. Es wurde immer deutlicher, daß die Reichs-Rundfunk-Gesellschaft das Fernsehen von der Reichspost ganz übernehmen wollte. Natürlich beschäftigten diese Gerüchte das Fernsehteam bei der Reichspost. Und die kesse Ursula erzählte daraufhin in ihrer Ansage eine Anekdote vom Alten Fritz, die sie in den Postakten gefunden hatte. Es handelte sich dabei um eine schriftliche Eingabe an den Preußenkönig, in der mitgeteilt wurde, daß ein märkischer Junker von seinem Kutscher das Posthorn blasen lasse. Dieses Privileg aber war nur den staatlichen Postillionen vorbehalten. An den Rand dieses Schriftstücks hatte der König deshalb geschrieben: „Er mag Hörner tragen soviel er will, bloß kein Posthorn. Das ist wider die Bestimmung."

Als politische Satire vorgetragen klang die Anekdote nun wie eine Kritik an der negativen, anmaßenden Rolle des Propagandaministers. Trug dies mit dazu bei, daß Ursula Patzschkes Tage als Ansagerin gezählt waren? Ende 1935 übernahm die Reichs-Rundfunk-Gesellschaft ganz die Programmgestaltung, die Reichspost blieb nur noch für den technischen Fernsehbetrieb zuständig.

Das große Ereignis dieser Pionierjahre war 1936 die erstmalige Übertragung der Olympischen Spiele aus Berlin. Aber Ursula Patzschke war nun schon nicht mehr aktiv dabei. Sie durfte nur noch ihre

Nachfolgerin Else Elstner bei der RRG einarbeiten. Die erste Ansagerin der Reichspost erhielt keinen Platz mehr vor der Kamera der Reichs-Rundfunk-Gesellschaft. Ursula Patzschke

war nicht Parteimitglied. Auch das kam sicher als Grund dazu. Sie war sehr enttäuscht, als diese interessante und aufregende Zeit nun so abrupt endete.

1935 hatte der Laborleiter von Telefunken, Rudolf Urtel, zusammen mit Walter Bruch mit Hilfe einer amerikanischen Ionoskop-Kamera begonnen, ein vollelektronisches Aufnahmesystem zu entwickeln. Während der Olympischen Spiele in Berlin setzte Walter Bruch als Kameramann die fast einen Zentner schwere, 2,20 Meter lange „Fernseh-Kanone“ mit einem 160 cm-Teleobjektiv ein, die Schlagzeilen in der internationalen Presse verursachte.

Acht Tage vor Kriegsbeginn, am 24. August 1939, wurde auf Weisung des Oberkommandos der Wehrmacht der Berliner Fernsehsender für einige Wochen stillgelegt. Am 26. November 1943 zerstörte ihn eine Brandbombe. Das Programm wurde noch bis Herbst 1944 über Kabel verbreitet. Dann war für fast ein Jahrzehnt Sendepause. Paul Nipkow und seine Frau Sophie waren 1940 schon gestorben. Und Ursula Patzschke? Die Post bot ihr eine Bürostelle an. Sie lehnte ab. Im Kriegsjahr 1943 heiratete sie einen Ingenieur und zog mit ihm nach Ostpreußen. Drei

Kinder wurden geboren. 1953 kam die Familie, die bei Kriegsende in Ostpreußen alles verloren hatte, aus der DDR in die Bundesrepublik nach Frankfurt am Main, wo sie sich eine neue Existenz aufbaute.

Da hatte das Fernsehen gerade erst wieder angefangen. 1950 begann der Nordwestdeutsche Rundfunk mit ersten Fernsehversuchssendungen. Am zweiten Weihnachtsfeiertag 1952 eröffnete er unter anderem mit Sendern in Hamburg und Berlin wieder das Fernsehen. Erst Anfang der 60er Jahre folgte das Zweite Programm, und 1967 wurde schließlich das Farbfernsehen — nach dem PAL-System von Walter Bruch — eingeführt. 1967 schließlich bestätigte sich Ursula Patzschkes Voraussage aus dem Jahre 1935: Die Sendereihe „XY ungelöst“ wurde vom ZDF zur Verbrechensbekämpfung eingeführt.

Politik

„Die Herren Beamten der Fürstlich Thurn und Taxis'schen Post=Verwaltung, welche mit dem Ueber-gange des bisherigen Fürstlich Thurn und Taxis'schen Postwesens an Preußen in den Kreis der Preußischen Postverwaltung eintreten, heiße ich vertrauensvoll hiermit willkommen. Ich erwarte, daß dieselben nach allen Richtungen hin bemüht sein werden, durch eine gewissenhafte Wahrnehmung ihrer Dienstpflichten ebensowohl die höheren Staats-Interessen zu fördern, als insbesondere den Anforderungen des Verkehrs und hierbei den an die Bereitheit, Präcision und Zuverlässigkeit der Post=Anstalten mit Recht zu stellenden Ansprüchen des Publikums in regem Eifer und voller Hingebung zu entsprechen. Gern werde ich die in den Preußischen Staatsdienst übergehenden Beamten in diejenige Kategorie ihrer Amtsgenossen in der Preußischen Post=Verwaltung, in welche sie nach den bisherigen Verhältnissen am Richtigsten einzureihen sein werden, mit angemessener Feststellung ihrer Anciennität einrücken lassen ... Ich beauftrage die Herren Vorsteher der Post=Anstalten, diesen Erlaß den ihnen nachgeordneten Beamten zur Kenntniß zu bringen und auch den Unterbeamten, contractlichen Dienern und Postillonen bekannt zu machen, wie ich mit Zuversicht erwarte, daß dieselben ihren Dienst ferner mit Treue, Pünktlichkeit und Eifer verrichten werden, wogegen dieselben darauf rechnen können dürfen, daß ihnen unter der Preußischen Verwaltung eine, ihren bisherigen Dienstverhältnissen entsprechende Stellung gewahrt bleiben wird."

Mit diesen Worten verkündete der Könglich Preußische Staatsminister für Handel, Gewerbe und öffentliche Arbeiten, Graf von Itzenplitz, am 25. Juni 1867 in einer Zirkularverfügung den Bediensteten der ehemaligen Thurn und Taxis-Postverwaltung ihre Übernahme in den preußischen Postdienst zum 1. Juli 1867 mit.

Wie war es dazu gekommen? Welche Ereignisse hatten zum Ende der mehr als 350 Jahre alten Postorganisation der Taxis geführt?

Die Anfänge der Taxis-Post reichen bis in den Ausgang des 15. Jahrhunderts zurück. Durch die

Heirat des späteren Kaisers Maximilian I. (1468—1519) mit Maria von Burgund, der Tochter Herzog Karls des Kühnen, waren große Teile des burgundischen Erbes an Habsburg gefallen. Maximilian ließ zur besseren Verbindung zwischen seinen beiden Residenzen Innsbruck und Mecheln bei Brüssel im Jahre 1490 durch Janetto von Taxis eine erste feste Postverbindung anlegen. Dieser Postkurs stand in den ersten Jahren der Allgemeinheit allerdings noch nicht offen. Die Taxis, die schnell erkannten, welch lukrative Möglichkeiten sich ihnen hier boten, beförderten ab 1506 auch Privatbriefe. Vom Jahre 1516 an konnten sich alle Interessierten ihrer Postverbindungen bedienen.

Der Aufstieg der Taxis, die durch wiederholte Privilegierungen durch die Kaiser im Laufe des 16. Jahr-

hunderts gefördert wurden, erreichte 1597 einen ersten Höhepunkt. In diesem Jahr erklärte Kaiser Rudolf II. das Postwesen zu einem kaiserlichen Reichsregal, dessen unberechtigte Ausübung gleichzeitig mit empfindlichen Strafen bedroht wurde. 1615 übertrug Kaiser Matthias Lamoral von Taxis das Amt des Reichsgeneralpostmeisters als erbliche Würde.

Der relativ schnelle gesellschaftliche Aufstieg der Familie Taxis (seit 1650 Thurn und Taxis) wird an den Verleihungen mehrerer Adelstitel deutlich: 1608 erfolgte die Erhebung in den Reichsfreiherrenstand, 1624 in den Reichsgrafen- und 1695 schließlich in den Reichsfürstenstand. Die Aufnahme in das Kollegium der Reichsfürsten des Regensburger Reichstages wurde 1742 noch übertroffen, als Fürst Alexander Ferdinand mit der Vertretung des Kaisers auf dem Reichstag betraut wurde. Diese Würde hatte das Haus Thurn und Taxis bis zum Ende des Reiches im Jahre 1806 inne.

Nach dem Spanischen Erbfolgekrieg (1701–1714) verlegten die Taxis ihren Sitz von Brüssel nach Frankfurt am Main. Die Vertretung des Kaisers am Reichstag legte den Umzug der Familie nach Regensburg nahe; der Sitz der Postverwaltung blieb jedoch in der Reichsstadt Frankfurt. Um 1785, auf dem Höhepunkt ihrer Geschichte, bediente die Kaiserliche

Reichspost der Thurn und Taxis als das führende Postinstitut innerhalb des Reiches ein Gebiet von mehr als 220000 Quadratkilometern mit etwa 11,3 Millionen Einwohnern. Als nächst größere Postverwaltung folgte die preußische Post, die 1786 im Todesjahr Friedrichs des Großen rund 200000 Quadratkilometer mit einer Bevölkerung von etwa 5,5 Millionen Menschen versorgte. Neben diesen beiden großen Postanstalten bestanden weitere 11 Landesposten, die zirka 11,25 Millionen Einwohner auf einer Fläche von 255000 Quadratkilometer betreuten.

Das Ende des Heiligen Römischen Reiches Deutscher Nation 1806 bedeutete auch das Ende der Kaiserlichen Reichspost. Nach den Wirren der Französischen Revolution und der Napoleonischen Zeit mit ihren vielfältigen territorialen Veränderungen und Verschiebungen gelang es dem Hause Thurn und Taxis auf dem Wiener Kongreß 1814/15 nochmals, im Auftrage verschiedener Staaten des Deutschen Bundes ein jetzt privates Fuhrunternehmen aufzubauen. Befördert wurden wie früher wieder Personen, Briefe, Pakete und Geldsendungen.

Ihre Postorganisation war jetzt eine fürstliche Lehenspost, die die Post vor allem im südwestdeutschen und thüringischen Raum betrieb. Dazu kamen noch die Postanstalten in den Hansestädten Bremen, Hamburg und Lübeck. Thurn und Taxis war im Laufe der Zeit vertragliche Bindungen unter anderem mit Kurhessen, Hessen-Nassau, Hessen-Homburg,

dem Großherzogtum Hessen-Darmstadt, den beiden Fürstentümern Lippe, den thüringisch-sächsischen Fürstentümern, Hohenzollern-Hechingen und Hohenzollern-Sigmaringen sowie der Freien Stadt Frankfurt am Main eingegangen. Der Taxissche Postbezirk, dessen mehr als 500 Postanstalten von der Generalpostdirektion Frankfurt aus geleitet wurden, umfaßte im Jahr 1850 ein Gebiet von 57310 Quadratkilometern mit 4,9 Millionen Einwohnern.

Trotz aller Schwierigkeiten — wie etwa die mangelnde geographische Geschlossenheit des Postgebietes, der private Status des Postwesens, dem die Unterstützung staatlicher Stellen wie bei den Postanstalten etwa Preußens oder Sachsens fehlte — entwickelte sich das Unternehmen in wirtschaftlicher Hinsicht gut.

Das Ende der Taxis-Post kam dann jedoch schnell mit dem Ausbruch des preußisch-österreichischen Krieges im Juni 1866. Österreich und 13 „bundestreue" Staaten, unter ihnen die Königreiche Hannover, Bayern, Sachsen und Württemberg, die Großherzogtümer Baden, Kurhessen und Hessen-Darmstadt auf der einen Seite, standen Preußen gegenüber, das von den Mittel- und Kleinstaaten Norddeutschlands unterstützt wurde. Der Krieg war bald zugunsten Preußens entschieden. Am 16. Juli 1866 besetzten preußische Truppen die Freie Stadt Frankfurt am Main, die kommende Entwicklung war vorauszusehen. Bereits zwei Tage nach dem Einmarsch in die Stadt verfügte der preußische Handelsminister Graf Itzenplitz, dem das Generalpostamt unterstellt war, die Entsendung des Geheimen Postrats Heinrich Stephan nach Frankfurt. Ein Befehl des neuernannten Oberbefehlshabers der Mainarmee, Generalleutnant Freiherr von Manteuffel, übertrug diesem

die Leitung der fürstlichen Lehenspost als „Preußischer Administrator".

Stephan wandte sich am 23. Juli 1866 in einem Zirkular betreffend die einstweilige obere Leitung des fürstlichen Postwesens an alle Poststellen des Thurn und Taxis-Postbezirks mit Ausnahme derjenigen in Hohenzollern, den Lippischen Fürstentümern und denen im Sächsischen Postdistrikt — diese Gebiete standen im Kriege auf der Seite Preußens.

Er forderte darin „die Beamten und Bediensteten des Fürstlich Thurn und Taxis'schen Postbezirks auf, den Anordnungen der Königlich Preußischen Administration, unbeschadet des dem Höchsten Landesherrn sowie Seiner Durchlaucht dem Herrn Fürsten von Thurn und Taxis geleisteten Diensteides, unter den obwaltenden Umständen unweigerlich nachzukommen und Alles zu unterlassen, was die Interessen der Königlich Preußischen Regierung beeinträchtigen könnte.

Zur Anerkennung dieser Verpflichtung haben sowohl der Vorstand der außen genannten Poststelle als auch sämmtliche derselben zugetheilte Beamte, Hülfsbeamte, Praktikanten und Unterbedienstete den anliegenden mit Ort und Datum gehörig auszufüllenden Revers unter Beifügung der Dienstes=Eigenschaft jedes Unterschreibenden eigenhändig mit Vor- und Zunamen zu unterzeichnen.

Vorstehender Aufforderung fügt der Unterzeichnete die Eröffnung bei, daß im Fall einer Weigerung, den Revers zu vollziehen, die Nothwendigkeit der sofortigen Amtsenthebung hervorgerufen werden würde, sowie daß, wenn nach geschehener Unterzeichnung des Reverses der damit eingegangen Verpflichtung in der Folge in einem oder dem andern Falle etwa zuwider gehandelt werden sollte, der Betheiligte sich den durch eine solche Handlungsweise nothwendig werdenden Maßregeln aussetzen würde.“

Stephans Einstellung gegenüber der Taxis-Post war eindeutig negativ: „Die Grundlage ihrer Verwaltung gehörte dem Mittelalter an, ihre Ausbildung fiel in die Barockzeit, ihr Losungswort entstammte der Epoche der fiskalischen Monopolidee.“ Auf Grund der politischen Ereignisse sah er die günstige Gelegenheit gekommen, diese Postverwaltung zu beseitigen. Er empfahl daher „ein sofortiges faktisches Vorgehen“ gegen die fürstliche Lehenspost und erblickte hierin „den einzigen Weg,

um in kürzester Frist zu einem rechtsgültigen Übergang des Postwesens an Preußen zu gelangen" sowie „in einem großen Wurf dem fürstlichen Lehensinstitute für alle Zeiten in Deutschland ein Ende zu machen". Stephan ging mit Entschlossenheit daran, „das seit mehr als 300 Jahren bestehende Familienmonopol der Postbeförderung, das sich mit der Zeit . . . . zu einem gefährlichen Hemmschuh jeglicher freier Verkehrsentwicklung gestaltet hatte", aufzulösen.

Stephans überzogene Vorwürfe gegenüber der Taxis-Post halten einer Überprüfung allerdings nicht stand. Er setzte auf dem Gebiete des Postwesens die Politik Preußens durch, das als Folge des gewonnenen Krieges gegen Österreich große territoriale Veränderungen in Deutschland vornahm. Mehrere mit Wien verbündete Bundesstaaten, etwa Hannover und Kurhessen, fielen an Preußen. Auf postalischem Gebiet kam es zur Bildung der Norddeutschen Bundespost, die als Staatspostanstalt des Norddeutschen Bundes für das Gebiet nördlich des Mains sowie Hessen-Darmstadt am 1. Januar 1868 die Arbeit aufnahm.

Die Gründung dieser Bundespost machte die Beseitigung der Taxis-Post notwendig. Stephan nahm am 21. Juli 1866 die Verhandlungen bezüglich der Übernahme des Postwesens auf. Stephans Worte, mit denen er am 22. Juli über seine Arbeit nach Berlin berichtete, lassen deutliche Triumphgefühle erkennen: „Ich hatte die Thurn und Taxissche Postverwaltung übernommen; es war ein historischer Akt: Der Fall eines 300jährigen Instituts! ... Die Kassen, die Archive – die ganze Verwaltungsmaschine befindet sich in unseren Händen. Fürst Hohenlohe gratulierte mir gestern." Zwei Monate später, am 20. September, berichtete er, „daß es sich darum handelt, ein 400jähriges Institut zu stürzen, das mit allen deutschen Reichs- und Rechtsurkunden, mit allen kleinen Höfen verwachsen, und mit Österreichs und Bayerns Einfluß umgeben ist ... Ja, diese Tage werden der Geschichte angehören! Es ist das postalische Königgrätz, was hier geschlagen wird, und ich bin der Feldherr und der kämpfende Soldat zugleich! Nie hat die Preußische Post, so lange sie besteht, eine größere und für sie wichtigere Zeit gesehen ..."

Die Gespräche, die Stephan am 11./12. August 1866 in Würzburg mit dem Chef der Fürstlichen Gesamtverwaltung führte, betrafen die Entschädigungsansprüche des Hauses Thurn und Taxis. Die von Preußen zu zahlende Summe sollte aus dem Durchschnitt der Erträge für den letzten Zehnjahreszeitraum errechnet werden. Der von der Taxis-Seite erhoffte Betrag von vier Millionen Talern war in den seit 17. Januar 1867 zäh geführten Verhandlungen nicht zu erreichen. Daran konnte auch eine Reise des Fürsten Maximilian Karl nach Berlin am 24. Januar, der dort mit König Wilhelm I. selbst die Angelegenheit besprechen wollte, nichts ändern.

Am 28. Januar 1867 wurde schließlich in Berlin der Übernahmevertrag unterzeichnet: Für Preußen unterschrieben der Geheime Postrat Heinrich Stephan und der Geheime Legationsrat von Bülow, für die Taxis-Seite die Bevollmächtigten Freiherr von Gruben und Wilhelm Ripperger.

Der Vertrag sah vor, daß „sämtliche dem Fürsten eigenthümlich zugehörigen Post-Gebäude und Post-Grundstücke und überhaupt alle gegenwärtig für den Postbetrieb bestimmten Realitäten im ganzen Bereich des Fürstlichen Postbezirks“ zum 1. Juli 1867 in das Eigentum Preußens übergingen. Die für den laufenden Dienst erforderlichen Akten der Fürstlichen Generalpostdirektion und der Oberpostkasse waren gleichfalls zu übergeben. Preußen verpflichtete sich seinerseits zur Übernahme der Taxisschen Beamten sowie zur Zahlung der Pensionen und Unterstützungen für Pensionäre und Hinterbliebene. Die für das Taxis-Personal eingerichteten Stiftungen und Hilfskassen gingen ebenfalls an Preußen über.

Als finanzielle Entschädigung zahlte Preußen an Fürst Maximilian Karl eine einmalige Summe von drei Millionen Talern. Gegen das weitere Führen des Titels „Erbgeneral- und Erblandespostmeister" durch den Fürsten von Thurn und Taxis erhob Berlin keine Einwendungen. König Wilhelm I. ratifizierte den Abtretungsvertrag am 16. Februar, Maximilian Karl am 23. Februar 1867.

Fürst Maximilian Karl wandte sich am 28. Juni 1867, drei Tage vor der förmlichen Übergabe des Postwesens an Preußen, in einem Abschiedserlaß in bewegender Form zum letzten Mal an seine Bediensteten: „Nachdem der Gang der politischen Ereignisse für denjenigen Theil Deutschlands, in welchem Wir vermöge alten Rechtes und neuerer Verträge noch vielfach das Postregal auszuüben hatten, eine engere politische Einigung unter der obersten Leitung Seiner Majestät des Königs von Preußen herbeigeführt hat ... trat an Uns die unabwendbare Nothwendigkeit heran, die ehrwürdige Mission Unseres Fürstlichen Hauses, den geistigen Verkehr in einem großen Theile des Deutschen Vaterlandes durch Unsere Anstalten auch ferner zu vermitteln ... an Seine Majestät den König von Preußen für die Zukunft zu überlassen ...

Seit dem nahe vierhundertjährigen Bestandes Unserer Postverwaltung haben Unsere in Gott ruhenden Vorfahren, wie Wir selbst, Uns stets der treuesten Anhänglichkeit und vollsten Hingebung Unserer lieben und getreuen Postbeamten zu erfreuen gehabt; ihr festes Zusammenhalten, ihre Tüchtigkeit im Dienste, und, mit besonderer Genugthuung sprechen Wir es aus, ihre bewährte Treue und Redlichkeit hat den so langjährigen Bestand einer Verwaltung ermöglicht, welche vom Tage ihrer Entstehung an mit unsäglichen Schwierigkeiten zu kämpfen hatte."

Die negative und abschätzige Beurteilung Stephans, nach dessen Ansicht der Abtretungsvertrag vom 1. Juli 1867 „einen 350 Jahre alten Krebsschaden Deutschlands" beseitigte, machte später einer gerechteren Beurteilung Platz. 1895, bei der Einweihung des neuen monumentalen Reichspostgebäudes in Frankfurt am Main, räumte er dem Hause Thurn und Taxis „für immer" das Verdienst ein, daß es inmitten eines mosaikartigen Staatsgefüges lange Zeit hindurch eine Einheit gebildet und es verstanden hatte, sie oft unter schwierigen Umständen und selbst bei tiefgreifenden Erschütterungen der Staats- und Rechtsverhältnisse Alt-Deutschlands zu behaupten.

Das Ende der Taxis-Post im Jahre 1866 als Folge politisch-militärischer Entwicklungen steht als ein Beispiel dafür, wie sich die Organisation der Post zu verschiedenen Zeiten den jeweiligen Veränderungen der politischen Verhältnisse anschloß.

Der Aufbau der brandenburgisch-preußischen Staatspost durch Friedrich Wilhelm, den Großen

Kurfürsten, nach dem Dreißigjährigen Krieg 1649 etwa war der sichtbare Ausdruck der Bestrebungen eines mächtig gewordenen Reichsfürsten, sich in seinen Territorien unabhängig von der Gewalt des Kaisers eigenständig zu entwickeln. In dem über lange Zeit unter Austausch vieler rechtlicher Argumente zum Teil erbittert geführten Poststreit, der bis zum Ende des Alten Reiches im Jahre 1806 juristisch nicht entschieden wurde, konnte sich der Große Kurfürst durchsetzen. Er vermochte sich gegenüber der Position der Taxis-Reichspost, deren Sache vom Kaiser vertreten wurde, um so leichter zu behaupten, als der Kaiser selbst in seinen österreichischen Erblanden die Taxis-Reichspost nicht zugelassen, sondern das Postwesen hier der Familie von Paar übertragen hatte.

Dem Beispiel Friedrich Wilhelms folgten mehrere andere Fürsten. Sie betrachteten dabei die Post nicht allein als willkommene Quelle finanzieller Überschüsse, sondern schätzten sie vielmehr als geeignetes Mittel der Landesentwicklung, das von ihnen nach Kräften gefördert wurde. Der Enkel des Großen Kurfürsten, der preußische König Friedrich Wilhelm I. — sonst wegen seiner strengen Sparsamkeit in allen Bereichen der staatlichen Verwaltung bekannt —, ist hier besonders hervorzuheben.

Die Gründung des Deutschen Zollvereins im Jahre 1834 war für die wirtschaftliche Entwicklung Deutschlands von großer Bedeutung. Wichtige Grundlagen für den späteren engeren Zusammenschluß der einzelnen deutschen Bundesstaaten waren damit gelegt worden. Ähnlich wie auf wirtschaftlichem Gebiet, das durch die Abschaffung der innerdeutschen Zollschranken großen Auftrieb erhielt, folgte 1850 mit der Gründung des Deutsch-Österreichischen Postvereins, der ältesten überregionalen Postvereinigung, der erste entscheidende Fortschritt, um auch auf dem Gebiet des Postbetriebes zu engerer Zusammenarbeit zu gelangen. Die Organisation der Post folgte auch hier wieder vorangegangenen politischen Entwicklungen.

Am 6. April 1850 wurde in Berlin der Deutsch-Österreichische Postverein ins Leben gerufen. Neben Preußen und Österreich waren am 1. Juli des gleichen Jahres, als der Verein seine Arbeit aufnahm, bereits Bayern, Sachsen, Mecklenburg-Schwerin und Mecklenburg-Strelitz sowie Schleswig-Holstein beigetreten. Bis zum 1. Januar 1852 folgten Thurn und Taxis sowie elf weitere Mitglieder des Deutschen Bundes.

Der nächste große Einigungsschritt im deutschen Postwesen war Folge des preußisch-österreichischen Krieges von 1866. Der Deutsche Bund löste sich 1866 auf; unter Preußens Führung entstand der Norddeutsche Bund. 14 der bislang selbständigen 17 Landesposten wurden in der Staatspostanstalt des Norddeutschen Bundes zusammengefaßt. Zur Norddeutschen Bundespost gehörten neben dem Gebiet nördlich des Mains die Fürstentümer Hohenzollern sowie Hessen-Darmstadt. Daneben bestanden jetzt nur noch die Postverwaltungen Badens, Bayerns und Württembergs.

Die Reichsgründung am 18. Januar 1871 bedeutete einen weiteren Schritt auf dem Wege zur postalischen Einheit in Deutschland. Die badische Postverwaltung ging in der nunmehr Kaiserlichen Reichspost auf, dazu kam noch das Reichsland Elsaß-Lothringen, das Frankreich nach dem Kriege von 1870/71 an das Deutsche Reich hatte abtreten müssen. Allein Bayern und Württemberg behielten gewisse Postrechte und eigene Postverwaltungen.

Die staatliche Neuformung Deutschlands nach dem verlorenen Ersten Weltkrieg 1918/19 führte bei der Post zur sogenannten „Verreichlichung". Gemäß der neuen Reichsverfassung traten Württemberg und Bayern zum 1. April 1920 ihre Postrechte an das Reich ab. Erstmals bestand damit in Deutschland eine einheitliche Postverwaltung, jetzt mit einem Minister an der Spitze.

Während der NS-Zeit von 1933 bis 1945 sah sich die Deutsche Reichspost vor eine Reihe organisatorisch-verwaltungstechnischer Probleme gestellt, die als Folge der expansiven Politik der Nationalsozialisten bewältigt werden mußten. Das zu betreuende Postgebiet erreichte infolge der politischen und militärischen Veränderungen im Jahre 1942 seine größte Ausdehnung.

Das Ende des Zweiten Weltkrieges im Mai 1945 bedeutete auch das Ende zentraler Postorganisation in Deutschland; jeglicher privater Postverkehr ruhte zunächst. Die vier Besatzungsmächte bauten in ihren Zonen eigene Postverwaltungen auf. Nach der Gründung der Bundesrepublik Deutschland im Mai 1949 sowie der DDR im Oktober 1949 bestanden zwei staatsrechtlich getrennte Postverwaltungen. Der Zusammenschluß des Saargebietes mit der Bundesrepublik im Jahre 1957 bedeutete die — bislang — letzte verwaltungsrechtliche Änderung der deutschen Postorganisation.